사랑으로 나눔과 봉사를 실천한

豊基人 김계하

김태환 엮음

서문

　지난 2023년 10월 13일 풍기읍사무소 행정복지센터 2층 회의실에서, 김계하기념사업회 발기인대회 및 창립총회를 뜻을 같이하는 모든 분들과 합심하여 첫 단추를 잘 꿰었음을 축하하는 바입니다.

　노블레스 오브리주를 실천한 참사람 풍기인 김계하님은 풍기의 근대사에 커다란 획을 그으신 분입니다. 풍기인삼의 명성을 세계적으로 드높이고, 풍기축구를 통해 젊은이들의 자존심을 세웠으며, 농촌 청소년 지도사업 즉 4H의 후원과 풍기 성내교회 부흥에 크게 이바지하셨습니다.

　특히 대한광복단 사료를 수집하고 미리 빗돌을 새겨 준비하는 등 대한광복단 기념사업의 초석을 놓았습니다.

　지역민들이 어렵고 힘들어할 때 먼저 손을 내밀어, 물심양면의 지원을 하여 힘과 용기를 주셨으며, 우리 고장의 밝은 미래를 열어주셨으니 그 분의 풍기 사랑과 타는 정열은 영원히 우리들의 가슴에 좋은 기억으로 남을 것입니다.

　이제, 우리 모두의 마음을 한데 모아 김계하기념사업을 추진하여 그 분의 공적을 기리고 그 분의 정신을 받들어, 풍기의 보다 나은 광명한 미래를 위하여 힘차게 매진할 것으로 기대합니다.

2018년 5월에 비록 하늘나라로 가셨을 지라도 김계하님께서 남기신 지역 사랑의 훈향은 금후로도 드리워져, 후배늘이 주진하는 사업을 하늘나라에서 그 너르고 깊으신 품격으로 굽이 보살피시리라 여겨집니다. 내내 안락하고 평화롭게 지내시길 두손 모아 기도 드립니다.

2025년 7월
김계하기념사업회 명예회장 강경식

발간사

나를 사랑하는 또 다른 방법을 나눔이라고 합니다.

김계하 선생은 평생을 풍기를 위해 선한 베풂을 실천했지만 이를 드러내지 않고 사신 분이십니다. 그런 의미에서 선생은 이 시대 진정한 노블레스 오블리주(Noblesse Oblige)의 삶을 실천한 분이십니다.

선생은 오로지 풍기를 사랑하신 애향인이셨습니다.

풍기인삼축제의 전신인 풍기인삼전진대제를 개최하여 풍기인삼의 우수성을 알렸으며 풍기지역 축구부에 대한 물심양면의 지원을 통해 오늘의 풍기축구의 명성을 얻게 하였습니다.

또한 광복공원조성사업에 초석이 되시어 풍기가 한국독립운동사의 중요 거점이라는 것을 알려 풍기의 자긍심을 높였으며 영풍군 4-H운동에 적극적인 지원과 뒷받침을 통해 지역의 청소년들에게 꿈과 희망을 심어주셨습니다.

특별히 선대부터 이어온 신앙심이 남달라 성내교회를 통하여 교회 부흥은 물론 풍기인들에게 긍정적이며 개혁적인 정신을 깊이 심어주었습니다.

돌이켜 생각해 보면 선생의 삶은 시작도 그 끝도 풍기였습니다. 오로지 풍기를 지키고 발전시키는 것이 선생의 삶이고 꿈이었습니다.

"풍기는 내가 태어나고 자란 곳이라 가진 것 다 내놔도 좋은 내 고향이야"라고 말씀하시던 선생을 떠올려 봅니다. 그래서 선생은 풍기인삼과 풍기축구, 풍기인견, 풍기사과, 그리고 대한광복단을 통해 풍기의 자긍심을 높여 주셨습니다.

한평생 고향 풍기를 위해 자신의 모든 것을 아낌없이 쏟아부었던 풍기사람, 우리가 그런 선생을 영원히 기억해야 할 이유가 여기에 있습니다.

선생이 떠난 지금 우리는 또 다른 김계하를 기다리고 있는지도 모르겠습니다.

2년 전 많은 분들의 도움으로 김계하기념사업회가 창립된 후 첫 사업으로 『김계하 평전』을 발간하게 되었습니다. 어려운 여건에도 평전의 집필을 맡아 주신 김태환 님과 자료수집에 귀한 시간을 보태주신 지역의 여러 원로님들과 선생의 삶과 함께해 온 지인분들께도 고마운 마음을 전합니다.

끝으로 이 책이 발간될 수 있도록 힘을 보태주신 김계하기념사업회에 강경식 명예회장님과 김진원 고문님, 그리고 임원을 비롯한 기념사업회 모든 회원님들께 감사의 인사를 올립니다.

2025년 7월
김계하기념사업회 회장 이기섭

축사

소백산이 품어안은 내 고향 풍기!
거유(巨儒) 성현(聖賢)이 이루시던 소수(紹修)
도산서원(陶山書院)의 유풍(儒風)이

사과꽃 바람에 실려 선비의 향 내음을 돋우는 고을,
죽령을 넘어서면 시원한 바람이 닫힌 가슴을 열게 하는 곳, 제 비록 출향한 사람이지만 내 고향 풍기를 어찌 잊겠습니까?

자신을 돌아보니 저의 뿌리가 대를 이어 숨을 쉬고 있는 곳이기도 합니다.

다만, 소백이 가로막아 낙후된 농촌사회를 지켜보시던 선각자 김계하님께서, 남다른 뜻이 계시어 은둔의 고장 풍기를 보다 발전시키기 위해, 물심양면(物心兩面)으로 도움을 주셔서 탈을 바꾼 오늘날의 풍기를 봅니다.

잊지못할 임께서 이 지역사회를 위하여 베푼 뜻을 살리고 드높이고자, 지난해 3월에 지역주민의 뜻을 모아 만들어진 '김계하기념사업회'는 그 분의 뜻과 얼을 드높이고자 기념사업을 추진해 온 것으로 압니다.

들려오는 소식에 의하면 날이 갈수록 이 기념사업회에 회원들이 많아지고, 풍기를 넘어 영수, 예전까지 큰 호응을 얻는다고 하니 가슴 뿌듯합니다.

그리고 김계하기념사업회가 실행하고 있는 사업에 이 사람도 동참하게 된 것을 무한한 영광으로 생각합니다.

그간에 사업을 위해 혼신의 노력을 기울이신, 임원 여러분과 지역주민 제위의 따뜻한 마음에 깊고 깊은 감사를 드립니다.

이 자리를 빌어 드리고 싶은 말씀은, 다음 세대들이 풍기를 위해 몸과 마음을 바쳐 사랑한 임들의 얼을 이어받아 하나로 뭉쳐, 한층 더 높은 풍기의 번영과 발전을 이루어 내시길 간절히 두 손을 모읍니다.

끝으로 저 하늘나라에 계신 김계하선생님께 경의를 표하고,
명복을 거듭 빌며 축사에 갈음하고져 합니다. 감사합니다.

2025년 7월
김계하기념사업회 고문 김진원

축사

먼저 김계하기념사업회가 추진하는 거룩하고 숭고한 사업에 경의를 표합니다.

김계하님과 처음 시작된 인연은 젖소 사업을 같이 하면서 서로의 집을 드나들었으며, 사고가 건전하시고 희생적이셨습니다. 제가 권유를 하여 낙농 연수를 위해 일본을 다녀올 정도로 친한 사이였습니다.

1988년 제가 국회의원 시절에 큰 수해로 인삼 농가들의 피해가 컸을 때 김계하 풍기인삼조합장님의 부탁으로 농림부 예산 50억 원을 지원했던 적이 있었습니다.

김조합장이 하던 인삼축제가 중단되어서 다시 인삼축제도 새로이 시작하는데 같이 힘을 모았고, 풍기 준시가 임금님께 올리는 진상품이라고 복원해야 한다는 부탁 말씀에, 적극적으로 도와드렸으며 곶감 판매도 열심히 협조했습니다.

김계하님께서는 풍기의 일이라면 언제 어디서든 두 팔 걷어 부치고 나서신 풍기의 영원한 동반자이자 후원자이셨습니다.

김계하님의 가슴 속에는 언제나 풍기 오로지 풍기 밖에 없었습니다. 풍기가 조금 손해를 보거나 잘못된 것이 있으면 불같이 일어나시어 이를 메우고 개선하시는 일에 앞장 서셨습니다.

　어렵고 힘든 분들을 위해 물심양면의 지원을 하시어 그들에게 힘과 용기를 주셨고, 타는 열정으로 수많은 업적을 이루셨어도 고향 위한 봉사로 그 공을 돌리신 겸허하심은 애향심의 귀감이셨습니다.

　노년에 남루하고 구부정하신 모습이셨지만 늘 미소를 잃지 않으셨고 잡아주시는 손에는 늘 온기가 가득하시어서, 우리들은 당신께서 늘 자랑스럽고 존경스러워서 항상 감사한 마음이었습니다.

　비록 이승에 계시지는 않으셔도 님께서 이룩하셨던 풍기인삼 부흥과 세계화, 대한광복단 기념사업의 초석, 축구사랑을 통한 풍기의 자존감 수립, 교회의 기반 조성과 부흥, 영주4H 활성화와 지원 등의 5대 공적사업은, 영원 불멸로 남아 후배들에게 고향사랑의 기취가 되었고, 교훈과 지표가 되어 존중받고 있습니다.

　끝으로 기념사업회가 추진하는 모든 사업이 순조롭게 성료되기를 기대합니다.

2025년 7월
전 영주시장 김진영

축사

노블레스 오블리주를 실천한 풍기인 김계하 님

사회학자 애드워드 카(E.H.Carr)는 역사는 "현재와 과거의 대화"라고 했다. 다시 말해 역사는 더욱 나은 내일, 더욱 발전하는 미래, 더욱 살기 좋은세상으로 나아가고자 하는 과거와 현재의 대화인 것이다.

시세로(M.T.Cicero)는 "역사는 세월의 증인이요, 오늘과 내일의 길을 밝히는 안내자이다."
역사는 단순한 사실 기록 그 이상이라는 것이다.
풍기지역 훌륭한 선배 김계하님의 먼저 걸어가신 고결한 숨소리를 이 한권의 역사서를 통하여 듣게 된다.

진정으로 사랑의 나눔과 봉사를 실천한 김계하님의 삶은 노블레스 오블리주의 전형적인 삶의 모습이다.
그의 좌우명인 공수래공수거(空手來空手去)를 몸소 실천하였고, "다음세대에 재산을 물려주는 것은 인생의 하(下)이고, 사업을 물려주는 것은 중(中)이며, 사람을 남기는 것이야말로 상(上)으로 최고의 삶을 살아가는 것이다" 라는 특별한 가치관도 갖고 있었다.

그는 돈을 남기고 떠난 자리는 다툼과 욕망만 존재하지만 올바른 사람을 남기면 그가 떠난 자리에 사랑과 평화가 충만할 것이라는 그의 평소의 말처럼 사신 분이다.

　그는 진정 "공수래공수거"의 삶을 실천하고자 했기에 사람외에는 아무것도 이 땅에 자기흔적을 남기고 싶지 않다고 해서 묘지도 없이 청빈하게 살다가 홀연히 떠났다.

　이 책은 단순한 개인의 생애에 대한 기록보다도 후배들에게 고향을 향한 뜨거운 사랑과 헌신, 그리고 풍기를 사랑하는 불타는 헌신의 결정체가 오늘의 풍기임을 생각할 때 실로 감격 그 자체이다.

　이 책을 집필한 김태환 선생님과 김계하 기념사업에 동참해주신 모든분들과 임원들게 진심으로 감사드립니다.

2025년 7월
성내교회 원로목사 최갑도

축사

"김계하가 풍기다"

　김계하 기념사업회 발기인 행사장에서 풍기 사람들을 향해 보내는 나의 외침이자 메시지는 이 한마디였습니다.

　무슨 말이 더 필요하겠습니까? 축소도 필요 없고 확대도 필요 없습니다. 김계하! 풍기가 품었지만 풍기를 살린 사람이고 풍기가 외면했지만 끝까지 풍기를 저버리지 않은 사람. 잊혀진 줄 알았지만 잊을 수 없는 그 사람을 풍기는 다시 살려내기로 했습니다. 참으로 감개무량하고 고맙습니다.

　1968년부터 시작된 인연이 그가 소천한 2018년까지 이어오면서 내가 보았던 김계하의 숱한 일화의 처음과 끝은 언제나 풍기의 발전이었습니다. 풍기를 위해서라면 그 무엇도 아끼지 않았습니다.

　이기적인 사람의 시선으로는 불편하기 짝이 없는 그 이타적인 희생과 봉사와 사랑은 정말 이해하기 어려운 철학이었습니다. 조용하고 느린 강물 같은 사람이 옳고 바르게 진행되지 않으면 불같이 화를 내고 폭풍처럼 저항했습니다. 그런 행동들이 자신을 위함은 하나도 없고, 오로지 풍기를 위한 부르짖음이었으니 결국 그의 삶의 철학은 풍기였음을 인정할 수밖에 없지 않겠습니까?

축구후원, 광복단 건립, 풍기 인삼의 위상까지… 셀 수도 없이 베풀고 후원하고 이끌고 가시다가 만년의 그 쓸쓸한 삶의 여정이라니… 실로 가슴아프고 사무쳤던 기억을 기억이라는 이름으로 묻혀버릴 줄 알았는데 후배들께서 그를 위한 기념사업회를 시작하고 이렇게 평전이 발간되었으니 이 기쁘고 벅찬 감동 감출 수가 없습니다. 풍기인들이 결국 해냈구나! 했습니다.

　아무리 해야 할 일이라지만 쉬운 일이 아니었을겁니다. 책 한권 만드는데 2년이 넘도록 동분서주, 노심초사 했을 터. 그 노고가 짐작됩니다. 애쓰셨습니다.

　개인의 공로를 치하하는 일이 아니라 역사를 세우는 일의 막중함을 기록하고, 후대에 전승하는 큰 일을 해낸 것입니다. 그러니 더욱 장하십니다.

　그동안 앞장서서 지휘하신 이기섭 회장님 이하 동참해 주신 모든 분들께 진심으로 감사의 인사를 드리며 저의 짧은 필력과 소회를 축사로 대신하겠습니다. 감사합니다.

2025년 7월
전 경북도의회 의장 전동호

목 차

서문 강경식 (김계하기념사업회 명예회장)
발간사 이기섭 (김계하기념사업회 회장)
축사 김진원 (김계하기념사업회 고문)
    김진영 (전 영주시장)
    최갑도 (성내교회 원로목사)
    전동호 (전 경북도의회 의장)

김계하 선생 초상화 김예순 (화백)
축시 그에 대한 예의 이경진 (에세이 작가)

제1장. 김계하 가계(家系)

명문(名門) 나주김씨(羅州金氏)   25

시대를 앞서간 선각자 집안
 평안남도 대동군 고평면 신흥리   27
 새로운 터전 풍기(豊基)   31
 할아버지 김창립과 아버지 김영기   32

제2장. 사랑으로 나눔과 봉사를 실천한 사람

봉사, 나눔, 그리고 희생의 삶   37

노블레스 오블리주(Noblesse Oblige)
별이고 꽃이었던 사람 46
선한 삶, 베푸는 삶 49
다시 김계하를 생각한다 53

제3장. 풍기인(豊基人) 김계하

풍기인삼(豊基人蔘)의 역사를 쓰다
풍기인삼하면 김계하 57
풍기인삼조합의 부흥 63
풍기인삼 수출 교두보 마련 67
인삼 경작면적 및 관할구역의 확대 68
인삼 주재 경작지도사제도 시행 69
「태극삼(太極蔘)」의 개발 69
풍기인삼시장의 개장 71
풍기인삼전진대제를 개최 72
문민공주선생송덕비(文敏公周先生頌德碑) 건립 78

풍기축구의 든든한 후원자
풍기의 축구(蹴球) 역사 85
풍기초등 축구 100년 89
풍기초등 축구후원회 결성 94
풍기축구의 밑거름이 된 축구 사랑 97
축구는 풍기의 자랑 101
풍기축구가 배출한 인물들 102

대한광복단기념사업의 초석을 놓다

운명처럼 찾아온 대한광복단	103
대한광복단 자료수집과 공론화	105
대한광복단기념사업회의 결성	107
약사비(略史碑)의 건립	108

성내교회의 기반 확충

기독교 신앙의 뿌리	119
선각자적 삶의 계승	120
성내교회의 기반을 다지다	121

농촌 청소년의 대부

영주 4-H운동의 역사	126
영풍군 농촌 청소년의 대부	129
"절대로 내 얘기 하지 말라"	131
새마을 청소년회 경진대회 수상 기념비 건립	133

경북도의원 김계하

풍기 사람들의 대변자	137
풍기중앙시장 현대화와 영세직물업체의 협업단지 조성	145
김계하 의원 도정(道政)에 관한 질문 전문	150
제87회 경상북도의회 임시회 의회 본회의	162

제4장. 다하지 못한 이야기

제운루(齊雲樓)의 복원   165

은풍준시 묘목 보급	166
풍기중학교의 악대부 창단	167
풍기초등학교 총동창회 창립	167
일본인 은사 효오도 다다미 선생 초청	168
군 명칭변경 어떻게 생각하십니까?	169

제5장. 김계하를 생각하다

노블레스 오블리주를 실천한 작은 거인 김계하 장로	최갑도	175
김계하 의원님을 그리며	강성국	178
賢母良妻의 標本이요, 敎人들의 어머니셨던 故 김병교 권사님	김종길	181
오른손이 한 일을 왼손이 모르게 하라!	조경덕	185
언제나 풍기만을 생각하셨던 분	이기섭	188
김계하기념사업을 준비하면서	김진희	190

제6장. 김계하 연보(年譜)   195

부록

김계하기념사업회 활동   201

가족인사 김계학 (사촌동생)   208
편집후기   210
참고문헌   211

김계하 선생 초상 (그림 김예순 화백)

그에 대한 예의

이경진(에세이 작가)

신(神)은
그의 운명을 점지하면서
풍기를 추가했다.

느린 강물처럼
풍기를 감싸고
보듬고
헌신하면서
그는 흘렀다

척박한 시절
남루한 밥상머리에서
삶의 욕구로 아우성치던 그때
그에 대한 행적은
풍문으로 떠돌았다.
쓸데없는 짓거리에 곳간을 풀고
남지도 않는 일에 정신을 빼는
이상한 사람.
죽어서 뼈도 없는 유령을 불러들여
광복단에 앉히고
배앓이 하는 아이들에게
축구공이나 던져 주는 이상한 사람.

다들 예의가 없었다.

깊숙한 그의 속내에는
풍기의 가난을 털고
풍기의 자존을 세우고
풍기의 미래를 밝히는 신념이
너무 가득차
느리게느리게 풍기를 깨웠다

아~~ 그러나
저 먼산 붉은 노을처럼 살다가
어둠에 삼켜져 사라진 빛이여.
생애를 인삼에 바치고도
그 찬란한 명성은 풍기에 돌린 이여.
그 초라한 의복
그 참담한 외면
늘 끽끽거리던 늙은 그의 고물차.
우리는
어찌 그리 염치를 모르고 살았는가!

지금에야
몇몇의 무명인이
번쩍 정신을 차리고
켜켜이 쌓인 그의 숨은 공적,
먼지처럼 사라질 그의
흔적을 다듬어 역사로 새긴다니
이제 겨우
풍기인의 자랑을 찾았다네
그에 대한 예의를
갖추었다네.

제1장
김계하 가계(家系)

명문(名門) 나주김씨(羅州金氏)

김계하(金桂河)는 본관을 나주(羅州)로 하고 있다. 나주김씨(羅州金氏)는 전라남도 나주시를 본관으로 한다.

시조(始祖) 김운발(金雲發)은 경순왕(敬順王)의 둘째 왕자 김황의 맏아들로 고려조에 문하시중(門下侍中)에 수작되고 나주군(羅州君)에 봉해졌다. 이후 후손들이 나주를 본관으로 하여 세계를 이어오고 있다.

『증보문헌비고(增補文獻備考)』에 신라 경순왕의 둘째 왕자는 역사서에는 그 이름이 없는데, 신라가 망한 뒤에 불교에 귀의하여 해인사(海印寺)로 출가하여 법명을 범공(梵空)이라 하였다.

해인사에 들어가기에 앞서 두아들을 두었는데 맏아들인 운발(雲發)은 나주로, 둘째인 우발(雨發)은 경주로 분적(分籍)하였다고 기록되어 있다.

김대경(金臺卿)은 고려 말 1326년 문과 급제 후 보문각(寶文閣) 대제학(大提學)에 오르고, 문장이 뛰어나『동문선(東文選)』에 이름을 올렸다.

조선에 들어와 김정준(金廷儁)은 태종때 동북면의 난을 평정하고, 전주 부윤(全州 府尹) 중군 총제(中軍 摠制)를 역임하며 가문을 중흥시켜 중시조(中始祖)가 되었다.

대전뿌리공원의 나주김씨 연원비

　김경석(金景錫)과 김적(金適)은 을묘왜변때, 김충수(金忠守)는 임진왜란 때 왜구를 격퇴시키는 큰 공을 세웠고, 무안 우산사(牛山祠)에 제향되었다.
　나주김씨는 고려, 조선을 이어 현재에 이르기까지 문무현관과 동량지재는 물론 충신열사와 효자를 많이 배출한 삼한(三韓)의 명문가로 자리를 잡았다.

시대를 앞서간 선각자 집안

평안남도 대동군 고평면 신흥리

김계하의 선대(先代)는 평안남도 대동군(大同郡) 고평면(古平面) 신흥리(新興里)에 세거하였다. 6대조 김치후(金致厚)는 정조때 벼슬길에 나가 순조때 통정대부(通政大夫)로 승정원(承政院) 우승지(右承旨)에 올랐는데 그 은덕으로 이곳에 정착하여 대동강 유역의 넓은 농토를 기반으로 안정된 생계를 유지하게 되었다.

당시 신흥리에는 나주김씨들이 30여 가구가 집성촌을 이루고 있었다. 1784년(정조 8) 천주교(天主敎)의 전래와 그후 1866년(고종 3) 병인박해(丙寅迫害)를 거쳤으며 또 최재우가 동학(東學)을 창시한후 1864년(고종 1) 혹세무민의 죄명으로 처형되는 등 국내외 상황은 매우 복잡하고 혼란스러웠다.

동학은 그후에도 수그러들지 않고 세력을 키워 동학란(東學亂)을 일으키는데 당시 신흥리 마을에서도 동학에 대한 찬반논쟁이 일어나 마을의 인심이 불안하고 혼란하였다.

때를 같이하여 프랑스는 자국 선교사 처형에 대한 보복으로 통상교역을 요구하며 제너럴 셔먼호(The General Sherman)를 앞세워 장맛비를 타고 서해에서 대동강까지 들어왔으나 비가 그치자 배가 움직이지 못하는 상황에서 평양감사(平壤監司) 박규수(朴珪壽)는 양각도(羊角島)에서 화공으로 제너럴셔만호를 불태우고 승조원을 체포하여 국문하고 처단하는 사건이 일어난다.

　이 엄청난 사건을 목격한 고조부 김승걸(金昇杰)은 평양감사(平壤監司)의 훈령으로 백성들에게 지원 부역(負役)을 명하여 군민합동방어군 형식의 신흥리 마을 대표로 청장년을 뽑아 이들을 인솔하여 현장으로 갔다. 양각도(羊角島) 전체가 검붉은 화염에 휩싸이고 평화롭던 강변은 살벌했다.

　당시 34세였던 김승걸은 살면서 많은 변란을 겪었으나 이 사건으로 큰 충격을 받았다. 또한 그는 그곳에서 우리나라 개신교의 첫 순교자인 영국인 선교사 로버트 토마스(Robert J. Thomas) 목사의 순교 장면을 자세히 지켜보았다고 한다.

　그는 마을로 돌아와 사건의 경위와 결말을 부친인 성행(聖行) 김득민(金得敏)에게 알려드렸다. 당시 김득민은 57세로 병중(病中)에 있었다. 환우(患憂)에도 김득민은 계속되는 변란(變亂)에 후손들의 장래를 염려하고 안정을 도모하기 위하여 궁리(窮理)하니 큰아들 승걸이 자부상(子婦喪)을 당하고 여섯 해가 지난 때였다. 그는 어미 없는 2남 1녀의 손자를 무척 측은해하였고 손자 둘은 영민해서 글공부도 잘하고 서당 훈육 선생으로부터 칭찬이 자자했다. 이 손자가 증조부(曾祖父) 형제로서 맏이가 김수혁(金秀赫)이니 곧 증조부가 되고 작은 이가 훗날 성균관 진사에 급제한 김수업(金秀業)이다.

　고민이 깊으신 병석(病席)의 5대조 김득민은 손자들이 글방에서 책 읽는 소리를 기쁘게 들으며 마른기침에 혼잣말로 글 소리에 답변하듯 혼자 되뇌었다. "수혁 아비 들라 하거라!" 병석에 일어나 고조부 승걸에게 마주 앉아 먼저 말을 꺼냈다.

　"빠른 날을 받아서 네 상처한 처가집 경상도 풍기에 한 번 다녀오는 것이 좋겠다. 가서 우선 네 백부장(百夫長 : 처가 백부님)에게 심심한 위로를 드리고 풍기

지역의 지세와 지형, 고을 내의 삶의 형편과 인심을 상세하게 살피고 우리 후손들이 살아갈 지경의 터가 있는지도 알아보고 돌아와야겠다. 내가 수년 전에 백부장(百夫長) 제안(薺安) 황영감(黃永監)의 초대를 받아 대구에 갔다가 돌아오는 길에 풍기에 들렀었는데 소백의 산세(山勢)와 풍기의 지형(地形)이 매우 안락한 것이었다. 전에 『정감록(鄭鑑錄)』을 알고 있는 터였지만 네 처가가 있는 자리가 바로 금계 마을로 풍수지리(風水地理)로 말하면 격암(格庵) 남사고(南師古)의 예언대로 단연 10승지 가운데 첫째로 삶의 터전이 대를 이어 살아갈 수 있는 땅이라고 본다. 그리고 임진(임진강)은 북녘의 땅이 다시 오랑캐의 땅으로 된다는 불안감이 있었는데 작금의 변란을 볼 때 술사(術士)의 견해를 인정하지 않을 수가 없다."고 하였다.

아버지의 명을 받은 고조부 승걸은 1866년 추수철에 출발하여 겨울 동절기에 귀가하지 못하고 남한강 수운(水運)이 가능한 이듬해 5월 봄이 되어서야 풍기를 탐견(貪見)하고 돌아올 수 있었다.

풍기를 왕래하는 걸음에는 육로와 수로를 잘 아는 보부상과 부상 2명 등 3명을 대동하였고 영남과 충북, 한양을 거쳐 험난한 여정에서 나라의 심각한 환란을 목격하였으며 등짐장수 한 명은 겨울에 큰 병을 앓아 노상에 숨을 거두는 일까지 있었다. 풍기에서 고조부는 부친의 지시대로 제안황씨(濟安黃氏) 처갓집으로 부터 친절하게 도움을 받아 많은 사실을 조사하였으며 보고, 듣고, 느낀 모두를 소상하게 말씀드렸다. 이주 이전의 1차 계획을 비밀리 하면서 정세의 변화를 살피며 운신(運身)하고 있었다.

시세는 역사의 가르침대로 서세동점은 세력은 강해지고 일본까지 1875년(고종 12) 운양호사건(雲揚號事件)을 일으키며 강화도 조약을 체결하는 등 결국 조선의 빗장문이 열렸다. 시시각각 변화되는 한양 동정을 살피던 중 1879년(고종 13) 여름에 5대조 김득민(金得敏)이 긴 병환 끝에 69세를 일기로 운명하였다.

고조부 김승걸(金昇杰)은 3년간 시묘를 마치고 1883년(고종 17) 평양부(平壤府) 향시(鄕試)에 응모한 두 아들(수혁, 수업)이 나란히 합격하고 1886년(고종 20)에는 동생이 먼저 합격하고 형인 증조부는 다음 해에 합격하였다.

두 형제 중에 형인 수혁은 비교적 성정이 온화하고 약골이었으며 동생 수업은 기골이 장대하고 체력이 강하였다.

장기간의 시험준비 끝에 기력이 쇠해진 증조부 수혁(秀赫)은 최종시험인 성균관의 관시(館試)를 준비하고자 동생과 함께 한양에 숙소를 정하고 시험준비를 하였는데 병이 있어 고향으로 돌아와 요양하며 책을 보다가 관시(館試) 일정이 되자 짐을 꾸려 신흥리 본가를 나섰는데 가족들의 근심이 깊었다.

그동안 공들인 노력과 집안의 장남으로서 기대가 길을 막을 수 없었으나 집안 전체가 우려가 큰 가운데 행객(行客)에 도움을 줄 두 사람을 정하여 말과 마부를 붙여 동행하였으나 본가를 떠난 지 3일에 송도(개성)에 도착하였고 그만 개성 주막에 누워 버리고 말았다.

행락 숙소에서 며칠 유숙하여 그곳의 이름 있는 의원들의 진료에도 불구하고 호전되지 못하고 안타깝게도 객사하고 말았다. 1888년(고종 25) 2월 11일이고 그의 나이 34세였다. 고조부 김승걸(金昇杰)은 타관에서 고인이 된 장남을 애석해하며 고향 문중을 동원하여 장례를 극진히 준비하고 출향(出鄕)한 가계 인원에게 부고하여 조문하게 하였다.

또 마을의 원로 지관(地官)의 의견을 받아들여 명당을 정해 유택(幽宅)을 짓고 후세부터 이곳을 선영(先塋)으로 제례를 올리도록 하였다. 고인이 된 미망인 광산 김씨 정(鼎), 증조모 나이 38세였다.

슬하에 2남 1녀가 있는데 장남이 김태립(金台岦 : 김계원 장군의 조부)이고 둘째 김창립(金昌岦)이니 김계하의 조부이다. 남편을 잃은 증조모는 어린 두 아들과 여식 한 명을 데리고 어려운 세월을 이겨내야 했으니 홀로 맞서는 삶이 녹

록하지 않았을 것이다. 시댁의 보살핌을 받고 있지만 홀로된 자신의 운명을 슬기롭게 개척해 나갈 수밖에 없었다. 양반집에서 아비 없는 자식이라 천덕스럽지 않게 양육하려고 애썼다. 고조부 김승걸(金昇杰)은 가여운 손자들을 각별하게 챙기셨으나 증조모는 힘들었다. 작은 증조부(秀業)는 죽은 형이 이루지 못한 전시 과거에 성균관 진사로 입격하였다.

   점점 시세 상황은 좋지 않은 방향으로 나빠지고 민심도 더 흉흉한 가운데 이윽고 고조부 김승걸(金昇杰)은 결심을 내리게 된다.

   30년 전 5대조 김득민(金得敏)이 아들의 첫 번째 부인 처가 쪽인 풍기 쪽으로 삶의 터전을 알아보고자 무려 6개월간을 탐사하고 돌아왔었는데 지금은 장본인인 고조부 김승걸(金昇杰)이 문중 제위를 모아놓고 소백산 풍기 터전에 대한 말을 하면서 본인의 적통인 정실(貞實) 이후로만 이주(移住)의 결정을 내리고 다른 가계(家系)는 자유(自由)의 뜻으로 맡기는 것으로 결론(結論)을 내렸다.

새로운 터전 풍기(豊基)

   고조부인 김승걸(金昇杰)의 결정을 받은 이상 이주를 늦출 필요가 없었다. 조부의 6촌 이내 문중 가족 중 거의 절반 이상과 몇 이웃 세대들이 함께 짐꾼들에게 기존 기재물과 큰 조부 태립(台꾶)의 처가집에서 보내온 풀어놓지 않은 상당한 혼수(婚需) 등을 꾸려 서둘러 출발하였다. 이때가 1894년(고종 31) 10월 중순 가을 바람이 찼다. 출향(出鄕)하는 가족은 마당의 멍석에서 김승걸(金昇杰)에게 순서대로 인사의 큰절을 올렸다. 서로 부둥켜 안고 한동안 눈물바다가 되었다. 20여일을 늦가을의 눈을 맞아가며 힘겨운 이동 끝에 소백산 죽령을 넘었다.

   증조모 밑에 직계 가족 10명 안팎인데 짐꾼 인부가 15명 정도가 되니 기존 가

재도구는 몇짐 안됐으나 큰 조부 태립(台岦)의 혼수(婚需) 짐이 거의여서 이 모습을 본 풍기사람들은 한양의 고관댁 혼수 행렬로 여길 정도였다 한다.

고조부의 명대로 출향(出鄕)하여 이주를 결행한 가족은 직계로는 증조모 조부의 형제인 2남 1녀 가족이었다. 또 5대조 김득민(金得敏)의 아들인 작은 증조부 김수업(金秀業 : 1858~1907)의 가족으로 부인인 작은 증조모 홍천 홍씨와 큰아들 두립 내외, 당시 9살인 규립이며 이 가족들과 이주 결정을 함께 한 문중의 다섯 가정과 그에 딸린 식솔들 전체 합쳐서 40명 이상의 피난 행렬이었다.

이들 모두 첫 도착지는 풍기였지만 두 해가량 지나서 증조모 아래 직계만 남고 안동으로 이주하였다. 경상북도 풍기읍 금계리(쇠바리)에 터를 잡았다. 다섯 해 동안 가족이 사시사철 소백산 자락의 농경지를 일구며 억척스럽게 고난을 헤쳐나갔다. 세기의 말인 1899년(고종 37)이 지나고 집안의 큰 변화를 예상 할 수 있다.

할아버지 김창립과 아버지 김영기

김계하의 조부는 김창립(金昌岦 1887~1938)이고 조모는 제안황씨(齊安黃氏)이다. 그(김창립)는 아버지를 따라 8세(1894년)에 평양에서 풍기로 이주한 것으로 알려져 있다. 그렇지만 그는 본디 서울 사람이 아니었고 그의 부친 형제가 평양에서 서울로 과거시험을 보러 왔다고 한다. 아마도 그의 부친은 정감록 신앙에 따라 풍기로 이주해 왔을 것으로 짐작한다. 그는 21세에 풍기 풍기교회를 창립할 때 동참하고 초대장로를 지낸 인물로 3.1운동이 일어났던 1919년 풍기교회가 설립한 영신학원(1925년 폐교)에 교장으로후세 교육에 주도했던 선각자였다.

김영기 장로

  아버지는 김영기(金榮基 1906~1954)이고 어머니는 전주이씨 이경식(李敬植)이다. 그(김영기)는 영주군(榮州郡) 풍기면(豊基面) 성내리(城內里) 34에서 태어났다. 그의 부친 김영기는 21세 되던 해에 서울의 연희전문대학 수물과 1학년 재학생으로서 1926년에 일어난 6·10만세운동에 가담하였다.

  6.10만세운동은 1926년 순종 임금이 승하하자, 학생들이 중심이 되어 국장으로 치르는 장례일이야 말로 천재일우의 좋은 기회이므로 이날 독립만세를 부르기로 모의하고 대중에게 배포할 격문 6천 여장과 태극기를 제작하였다.

나주김씨(羅州金氏) 김계하 세계도(世系圖)

시조(始祖) 김운발(金雲發)-김인륜(金仁輪)-김률(金律)-김원상(金源相)-김시태(金始兌)-김우해(金宇海)-김광(金光)-김여(金礪)-김서황(金瑞璜)-김득장(金得章)-김극순(金克淳)-김요선(金堯琁)-김수연(金守淵)-김성고(金成固)-김대경(金臺卿)-김가구(金可久)-김정준(金廷儁)-김도(金堵)-김취형(金就亨)-김장송(金長松)-김양계(金良桂)-김자의(金自義)-김등(金謄)-김상덕(金尙德)-김윤신(金潤身)-김관(金管)-김하준(金河駿)-김자택(金自澤)-김기(金起)-김윤(金胤)-김석담(金碩淡)-김준용(金準龍)-김정선(金正善)-김종한(金宗漢)-김의영(金義永)-김치후(金致厚)-김득민(金得敏)-김승걸(金昇杰)-김수혁(金秀赫)-김창립(金昌岦)-김영기(金榮基)-**김계하(金桂河)**

풍기성내교회 음악가들
왼쪽부터 김은석 목사, 김영기 장로, 박용구 선생
(음악평론가), 이경한 선생(성악, 전 이화여대 교수)

그도 여기에 가담했다. 격문의 내용은 일제의 식민지배 아래에서 당하고 있는 조선의 경제적 참상과 정치적 부자유를 규탄하고, 1919년 3.1만세운동을 바탕으로 다시 만세운동을 일으키자는 주장이었다. 이 계획이 발각되어서 일제의 탄압을 받았고, 여기에 가담한 학생들이 '1919년 제경 제7호' 위반과 출판법위반 혐의로 대거 검거되었다. 이때 김영기도 일제 경찰당국에 검거되었고, 반달 동안 옥고를 치루었다. 또 지역에서는 보기 드물게 그와 그의 부친, 조부 등 3대가 풍기 성내교회의 장로를 지냈다.

풍기영신학원 확장

경북 풍기 영신학원(永新學院)은 수십 년간에 다수의 영재를 양성 한 바 경비 곤난으로 오는 사월 신학기부터는 부득이 문을 닫게 되었든바 다행히 원장 김창립 씨와 부인 안주봉씨, 청년회 이원강, 강병실 양씨, 그리고 본학원 강사 김영기 씨와 이영신 여사가 합력하여 희생 덕으로 다시 확장키로 내정하고 오는 사월 말에는 다수한 신입생을 받기로 하였다더라. (풍기)

제2장
사랑으로 나눔과 봉사를 실천한 사람

봉사, 나눔, 그리고 희생의 삶

　김계하(金桂河)는 1930년 9월 12일 경북 영주시 풍기읍 성내 2동 34번지에서 아버지 김영기(金榮基 1906~1954)와 어머니 이경식(李敬植 ?~1933) 사이에 2째 아들로 태어났다.

　풍기초등학교를 졸업(33회)하고 서울로 올라가 배재중학교와 한영고등학교를 졸업하였다. 한국전쟁이 한창이던 1951년 7월 15일 군(軍)에 입대한후 1953년 7월 27일 휴전협정이 체결되고 난후인 그해 11월 23일 제대를 하였다.

　20대초반 폐결핵을 앓았는데 신장또한 좋지 않아 죽을 고비를 여러번 넘겼는데 이를 잘 극복하였다. 60년대 일본 연수를 다녀오면서 낙농을 통해 지역을 부흥, 발전시키고자 젖소를 수입하고 키워 우유를 짜서 소득을 올려 보려하였으나 우유 유통 등의 문제로 어려움을 겪자 젖소를 모두 팔고 사업을 그만두었다.

　　젖소를 키우셨는데 인공수정 등으로 가끔씩 집을 오가며 축협 조합장과 자주 만났는데 사고가 건전하고 희생적인 모습이셨다. 당시 젖소의 우유을 짜면 가공 공장이 없어 어려움을 겪었다. 우유처리가 문제로 하루 2회 짜는데 냉동시설이 없어 찬물에 담가 보관하는 실정이었다. 이러다보니 키우던 젖소를 모두 팔게되었다. 참 사고가 건전하고 희생적인 분이셨다. 당시 일본으로 선진지 연수를 다녀온 후 낙농을 통해 지역을 부흥시켜보겠다는 생각을 가지고 있었던 것 같다. 농업 선진화에 이바지 해보겠다는 뜻으로 살다보니 자연스레 김조합장을 만나 흉금없이 마음을 털어놓고 살아왔다. [김진영 전 영주시장]

또 한때 목상(木商)을 하였는데 집 근처에 나무를 모아 두었는데 마을 사람들이 와서 그 나무를 자꾸 가지고 가서 화목(火木)으로 사용하자 부인이 "동네 사람들이 왜 남의 그 좋은 나무를 가지고 가서 화목으로 사용하는지."라고 한마디 하자 그는 "그 사람들이 얼마나 어려우면 그렇게 하겠냐"고 하면서 부인의 말을 막았다고 한다.

김계하는 30대인 1961년 영주군 새마을청소년회 회장때 일본 원예연수 선진문화농업 견학을 6개월 다녀왔는데 그곳에서 토마토를 가공해서 케찹으로 만드는 것을 보고 돌아와 풍기도 잘살 수 있는 길을 찾아보아야겠다며 마음을 먹고 인삼(人蔘)과 인견(人絹), 사과 등 풍기의 특산물을 가공하고 판매할 계획을 세웠다.

제1회 풍기인삼전진대회 어린이 사생대회 (1984년)

제2회 풍기인삼전진대회 인삼 깎기 참관하는 김계하(1985년)

그후 그는 특히 풍기인삼에 관심을 가지고 1962년 풍기삼업조합 평이사에 선출된후 1965년에 다시 조합의 상무이사로 일본에 6개월 다녀왔다. 그해 풍기삼업조합 이사회에서 특별감사반으로 임명되어 활동하였다.

1968년에 풍기삼업조합 이사에 선출된후 다시 조합의 상무이사로 당선되었다. 1969년 인삼연구원과 과천 인삼시험장을 견학하고 조합이사회에서 이를 보고했다. 1970년에는 인삼조합 수출소위원회 위원에 위촉되어 활동하였다. 1973년 농업연수생으로 다시 일본을 6개월간 다녀왔다.

1973년 풍기인삼조합에서 최초로 인삼경작지도사를 채용하여 영주, 예천, 단양, 제천지구에 주재지도사를 활용하였는데 재무부내 전매청에서 이 제도를 받아들여 1979년 130명의 지도사를 양성하고 전국조합에 배정하여 인삼경작에 획기적인 발전을 가져왔다.

1980년 풍기인삼선양회를 조직하고 1982년 풍기인삼경작조합 조합장에 취임하였다. 1984년 10월에는 제1회 풍기인삼전진대제를 개최하고 1985년 인삼경작조합연합회 회장에 취임했으며 인삼조합 마당에 문민공주선생송덕비(文敏公周

경북도교육감기 축구 우승 후 환영식 (1973년)

先生頌德碑)를 세웠다. 1987년 일본, 미국, 홍콩, 대만의 시장조사 및 경작지를 견학하고 1993년 11년간의 풍기인삼조합장을 퇴임했다.

그는 풍기인삼의 우수성과 경쟁력 강화를 위해 인삼경작 위주의 사업을 인삼가공제품 등의 개발로 산업화하여 풍기지역의 경제활성화에 크게 기여하였다.

김계하는 또 축구를 통해 풍기를 전국에 널리 알리기 위하여 온 힘을 쏟았다. 1971년부터 풍기초등학교 축구후원회장을 맡으면서 수 십년간 수많은 재정지원을 통해 축구 꿈나무들을 키워 풍기축구의 명성을 전국에 널리 알렸다. 1982년 경북축구협회 부회장을 지내기도 했다.

또 1982년부터 1993년까지 영풍군 새마을 청소년연합회 후원회 회장을 지내면서 지역 청소년들의 든든한 후원자의 역할을 감내했다. 1982년 경북 새마을 영농기술자회 고문과 영풍군 새마을 청소년후원회장으로 대통령표창을 받았다.

1984년 영풍군새마을 청소년 경상북도경진대회 종합우승 기념비 및 3곳의 새마을 청소년회 중앙경진대회 기념비를 사재(私財)를 털어 건립하여 지역청소년

풍기광복공원

들의 자긍심을 일깨워 주었다.

또 그는 풍기가 대한광복단의 발상지라는 것을 인지하고 1980년부터 대한광복단 자료를 수집하고 1984년 광복공원 기념비(紀念碑)와 약사비(略史碑) 석물 2기를 자비로 구입하였다. 그로부터 시작된 이 사업은 1994년부터 대한광복단 기념공원 조성 사업으로 진행되어 1995년에는 대한광복단기념공원 부지매입과 대한광복단 약사비(略史碑) 및 대한광복단기념비 제막(除幕)을 하였다.

이밖에도 그는 1979년 풍기초등학교 총동창회장, 1991년 제4대 도의원 당선, 은풍준시 복원, 풍기 제운루 복원 등 그의 일생은 어떻게하면 풍기사람들이 잘 살 수 있을까라는 물음에 대한 답을 찾아가는 길이었다.

풍기는 김계하였고 김계하는 풍기였으며 풍기는 자신의 전부이자 자신의 미래였다.

계하형은 말년을 힘들게 보냈지만 늘 희망을 버리지 않고 살았습니다. 늘 고물차를 타고 풍기 시내를 한바퀴 돌면서 풍기를 둘러보는 것이 하루의 일과이자 행복이셨습니다. 둘째딸 명선이가 아버지에게 새차를 사주었는데 나이가 많아 면허갱신이 되지않아 운전을 할 수 없게 되었는데 그일이 있고 나서 2달후에 돌아가셨습니다. 아마 계하형에게는 그 고물차를 타고 매일 풍기시내를 둘러보는 것이 삶의 유일한 낙이자 삶을 유지시켜주던 힘이었는데 그것을 하지못하게 되자 그 충격으로 돌아가신 것으로 보입니다.【김계학 사촌동생】

김계하가 풍기를 위한 여러 가지 사회활동을 할 수 있었던 것은 부인 김병교(金秉嬌 1935~?)의 속깊은 내조가 있었기 때문에 가능하였다. 그녀는 고향이 영덕으로 초등학교 교사로 있다가 김계하와 결혼한 후에도 한동안 교직에 근무하였다. 그녀는 전형적인 한국의 여인상을 갖춘 분이셨다.

그녀는 늘 남편을 부를 때 '누이 오빠'라 불렀는데 남편의 여동생이 행자(幸子)였기 때문에 그렇게 불렀다. 또 늘 남편이 하는 일에 대해서 절대 반대하지 않고 뒤에서 묵묵히 응원과 내조를 해주었다.

형수도 형을 닮아 무슨일이든 소리없이 하곤 하셨다. 특히 아픈 자식을 잘 돌보아주어서 형이 사회활동에 전념할 수 있었다. 또한 형수는 가세가 기울어 어렵게 되자 자식들에게 손을 벌리지 않으려고 힘든 일도하곤 하셨다. 가정형편이 어렵게되자 지인들이 형에게 도움을 주자 이를 잊지 않으려고 자식들에게 알려주어 '꼭 은혜를 잊지말고 살아야 한다.'고 하셨다.【김계학 사촌동생】

부인 김병교는 남편의 생모인 이경식(李敬植)이 1933년에 돌아가시고 시아버지 또한 1954년에 돌아가신후 계모를 1980년대까지 26년여간 모시면서 한번도 소홀히 하지 않았다. 계모인 시어머니(李確實 1905~1975)는 75세에 돌아가셨는

사랑으로 나눔과 봉사를 실천한 김계하

데 꼬장꼬장한 분이셨지만 정성을 다해 모셨다.

남편이 조합장을 하는 등 풍기사회에서 행세를 할 수 있는 지위에 있었으나 집안 형편이 어려워지자 무슨 일이든 가리지 않고 일을 해 가계를 꾸려갔다. 그녀는 남편의 부도로 가정형편이 어려워졌으나 남편을 원망하지 않고 늘 존경하는 마음을 가지고 있었다.

형수는 병원에서 위암 중기 판정을 받자 치료하지 않겠다고 하며 "내가 죽으면 아들(병일)을 누가 돌봐주겠냐"며 걱정을 하며 하나님한테 "나 죽기전에 아들(병일)을 먼저 데려가 달라"고 기도했는데 얼마후 아들(병일)이 먼저 하늘나라로 갔다. 그후 2년후 홀가분하게 자신도 돌아가셨는데 나 죽거던 화장해서 병일이 묘에 뿌려달라고 해서 그렇게 했다. 【김계학 사촌동생】

가족으로는 부인 안동김씨 김병교와 사이에 2남 3녀를 두었다. 장남은 김병일(金炳逸), 장녀는 김사선(金思仙), 2녀는 김명선(金明仙), 3녀는 김현선(金賢仙), 차남은 김병학(金炳學)이다.

노블레스 오블리주(Noblesse Oblige)

김계하는 평생을 선한 베풂을 실천했지만 이를 드러내지 않고 살았다. 그는 노블레스 오블리주(Noblesse Oblige)의 삶을 철저하게 실천한 사람이었다. 노블레스(Noblesse)는 '닭의 벼슬'을 의미하고, 오블리주(Oblige)는 '달걀의 노른자'라는 뜻이다.

'노블레스 오블리주'는 닭의 사명이 자기의 벼슬을 자랑함이 아니고, 알을 낳는거라는 걸 말한다. 달리 말하면, 사회 지도층의 도덕적 의무를 뜻하는 말로, 사회로부터 정당한 대우를 받기 위해서는 자신이 누리는 명예(노블레스)만큼 의무(오블리주)를 다해야 한다는 의미다.

이는 단순히 부와 권력을 누리는 것을 넘어서, 그러한 위치에 있는 이들이 사회와 공동체에 대해 기여해야 한다는 윤리적 요구를 담고 있다. 벼슬을 자랑하지 말고 달걀을 낳는 본연의 임무에 더 충실하는 사람이 존경을 받아야 하지 않을까?

별이고 꽃이었던 사람

　사람은 누구나 죽은 뒤에야 그 참모습을 들여다 볼 수 있다고 한다. 평생을 풍기사람으로 살고자 했던 사람. 늘 세상에 무엇인가를 보태주고자 했던 따뜻한 마음이 넘쳐났던 사람. 그는 참 선한 사람이었다. 때가묻지 않았던 너무나도 인간적인 사람이었다.

　김계하의 삶에는 시종일관 풍기(豊基)가 수식어처럼 따라 다닌다. 그러기에 그의 삶속에는 언제나 풍기사람들의 희노애락(喜怒哀樂)이 더불어 공존(共存)해 있었다. 그는 풍기 일이라면 언제 어디서든 두 팔 걷어 부치고 나선 풍기의 영원한 동반자이자 후원자였다.

　풍기의 역사에는 수많은 사람들의 흔적이 촘촘히 남아 있다. 수백년 동안 풍기 역사에 헌신한 이들이 어디 한둘이었겠는가. 이시대에 굳이 김계하를 풍기의 역사속에 남기려한다면 그에게는 아무런 토를 달지않고 그냥 「풍기인 김계하」라

경북도의회 의원 재직 시 환담하는 김계하

는 이름이 가장 잘 어울릴 것이다.

그에게 풍기란 무엇이었을까? 아마 그에게는 가족이자 친구였으며 자신의 삶의 원천이자 생명이고 희망이고 미래였을 것이다. 그는 고단했던 풍기의 현대사 속에 가끔은 크게 보이기도하고 또 가끔은 보이지 않게 오직 묵묵히 풍기 발전의 자양분이 되어 풍기사람들의 가슴에 남아 있는 그런 사람이다.

> 김계하 조합장 때문에 풍기에 대한 인식과 이미지가 달라졌습니다. 김계하 조합장의 가슴속에는 언제나 풍기, 오로지 풍기 밖에 없었습니다. 풍기가 조금 손해를 보거나 뭐 잘못되었다면 불같이 화를 내며 지나칠 정도로 풍기를 사랑했습니다. 풍기에 대한 애정은 정말 남달랐습니다. 사람에 대한 애정과 고향에 대한 애정이 남다른 분이셨는데 특히 풍기에 대한 애정이 크신분이셨습니다.【김진영 전 영주시장】

그는 탐구심과 모험심이 남달리 넘쳐나는 사람이었다. 간혹 돈키호테같은 그의 엉뚱한 생각들이 풍기 인삼축제를 만들었고 또 태극삼(太極蔘)을 만들었다.

또 그의 넘쳐나는 애향심이 광복공원을 만들었고 또 풍기축구의 명성과 은풍준시의 복원을 꿈꾸었다.

그의 삶은 늘 열정적이었다. 끊임없는 도전과 실패속에서도 그가 주저앉지 않고 일어설 수 있었던 것은 풍기발전이라는 삶의 목표가 그에게 생명처럼 남아 있었기 때문이다.

> 김계하는 한국전쟁 직후 풍기(豊基) 지역에 신문화를 도입했는데 양을 먹이고 양우유를 배달했던 당시만 해도 지역 사회에서 받아들이지 못 할 정도의 일이었습니다.
>
> 그는 선진문화에도 관심이 있어 풍기최초로 당구장을 개업하고 또 풍기최초로

제20회 영주시민대상을 수상한 김계하(지역경제활성화 부문, 2016년)

다방을 개업하고 또 풍기최초로 성내4리에 지금의 철쭉아파트 자리에 포도농장을 만들었으며 또 태극삼을 만들었습니다.

당시 주변인들은 저 사람이 왜 저런 사업을 하나 하면서 의아해 했는데 하나도 성공한 것이 없습니다. 하지만 시대를 앞서간 일들로 그중에서 태극삼은 성공을 했습니다. 【황동섭 성내교회 원로 장로】

사람들은 누구나 작은 일에도 이름을 내고 주목받기를 좋아한다. 때론 별처럼 때론 꽃처럼 사람들의 관심을 한 몸에 받고 싶어 한다. 그러나 별은 자신을 내세우기보다는 누군가의 발길을 비추어 주고 꽃은 누군가에게 행복과 웃음을 주기 때문에 아름다운 것이다.

평생을 베품과 나눔으로 살아온 김계하는 그런 사람이다. 별과 꽃같은 사람이다. 그는 간혹 밤하늘 별과 같이 풍기의 미래를 비추어 주었고 바보처럼 자신의 삶을 불태워 풍기라는 희망의 꽃을 피워주었다.

「가슴에 사랑하는 별 하나 갖고 싶다. 외로울 때 부르면 다가오는 별 하나 갖고 싶다.」던 어느 시인의 싯구처럼 그에게 풍기는 자신의 삶을 지탱해준 별이고 꽃이었다. 어쩌면 그는 지금 어두운 밤 길을 비추어주는 별빛으로 혹은 누군가의 가슴속에 꽃으로 피어났을지도 모른다.

선한 삶, 베푸는 삶

김계하는 일생은 선한 삶이었고 베품의 삶이었다. 늘 풍기라는 공동체가 함께 잘 살기 위하여 노력하였다.

그는 풍기 발전이라는 길을 설계하고 바보처럼 비바람을 맞으며 묵묵히 그 길을 냈다.

제1회 풍기인삼전진대회 시 공탁호 귀순용사에게 명예이사증을 주고 있는 김계하(1984년)

그리고 자신이 만든 그 길을 풍기 사람들과 함께 걷고자 때론 길잡이가 되어 길을 넓혀가며 많은 사람들이 함께 걸어갈 수 있는 큰 길을 만들었다.

한 사람의 힘은 늘 미미하지만 그 힘이 주춧돌이 되고 기둥이 된다면 장차 큰 집을 지을 수 있다.

풍기의 현대사에서 진실로 풍기를 사랑한 사람을 몇 꼽으라면 그중에는 분명 김계하라는 이름이 새겨질 것이다.

사람의 의식속에 한 사람이 오랫동안 기억으로 살아 있다는 것은 그리 쉬운일이 아닐 것이다. 김계하는 풍기에서 그렇게 기억으로 남을 사람이다.

한평생 자신이 가진 것을 다 주고 가셨다. 다른 사람들과는 비교할 수 없을 정도로 참 바보처럼 사신분이다. 사심도 없었다. 인생관이 남다른 분이셨다. 호롱에 기름이 다 할 때까지 다 쓰시고 가셨다. 옛날 부자는 나누어 먹을 줄을 알아야 부자라고 했는데 조합장은 나누어 먹을 줄 아는 그런 분이셨다. 베품이 넓고 깊어서 남이 잘되게 하는 밑바탕을 만들어 주는데 큰 역할을 하신분이다. 베품의 바이러스가 풍기에 넘치게 하신분이다. 풍기의 정신적 지주같은 분이셨다.【황병호】

제8회 7대7 전국유소년축구대회 우승 축하 기념의 밤

　자신의 삶은 다른이들에 비해 순탄한 여정은 아니었지만 언제나 어려운 사람들을 도와주지 못해 안달하는 모습은 늘 한결같았다. 힘들고 어려운시대 풍기사람들은 그의 존재 만으로도 힘을 얻었으며 또한 위안을 받았다. 김계하는 정말로 아름다운 사람이었다.

　김계하는 무엇이든 크고 넓게 생각하고 미래지향적인 생각을 가진 사람이었다. 1988년 인삼조합장시절 인삼포(人蔘圃)가 떠내려가는 큰 수해가 있었는데 자신의 삼포는 돌아보지 않고 다른 사람들의 삼포로 달려가 수해복구에 나섰던 참 바보 같은 사람이었다.

　그의 삶에서 자신을 위한 경제적인 개념은 찾아볼 수 가 없다. 자식을 위해 모든 것을 희생하는 우리네 어머니같이 그는 풍기를 위해 자신의 모든 것을 쏟아부은 그런 사람이었다.

풍기인 김계하 선생

　김계하 조합장 같이 그런 일을 하는 사람들은 알아 주어야 한다. 그래야 그런 사람들이 힘이 나고 세상이 달라 진다. 그런 생각을 가지고 살아 가는 분들은 알아 주어야 한다. 그래야 제2의 제3의 김계하 조합장 같은 분이 나오고 많은 사람들이 따라한다. 희생적인 일생을 살아왔는데 묻혀져 사라져 버린다면 누가 그런 삶을 살겠는가. 【김진영 전 영주시장】

그는 풍기라는 자식을 잘 키워서 덕 좀 보려는 똑똑한 사람이 못되었다. 그저 바보처럼 자식을 키우듯 자신을 희생하며 그렇게 풍기를 지키고 가꾸었다.

그는 참 따뜻하고 순수한 사람이었다. 그는 언제나 손해를 보면서도 우직하게 사람에 대한 믿음, 그 원칙을 지키는 그런 사람이었다. 풍기를 위한 일이라면 그것이 자신에게 도움이되던 안되던 상관없이 그 길을 갔다. 그냥 그 일을 할 때 가장 행복해 했다. 이런거 저런거 따지지 않는 그는 풍기 앞에서는 늘 바보가 되었다.

자신이 한 일을 절대 자랑하거나 알리지 않고 사셨다. 평소에 늘 국가나 사회에 남을 위해 희생하는 사람들은 알아주어야 세상이 아름다워진다. 그래서 김계하 조합장이 훈장을 받을수 있도록 당시 영주시에서 서류를 만들어 올려 전국 4-H 경진대회에서 훈장을 받았다. 그동안 일만 열심히 했는데 변변한 훈장 한번 받지 못한 것이 늘 마음에 걸렸다.【김진영 전 영주시장】

다시 김계하를 생각한다

어떤이는 부(富)를, 어떤이는 지위(地位)를 또 어떤이는 명예(名譽)를 위해 자신의 일생을 바친다. 누구나 삶에는 의미와 가치, 철학이 내포되어 있다.

김계하에게 인생이란 무엇이었을까?

그의 삶에서 풍기는 어떤 의미를 지니고 있었을까?

그의 삶을 가만히 들여다보면 그에게 있어 삶이란 시작도 풍기였고 끝도 풍기였다. 오로지 풍기를 지키고 발전시키는 것이 그의 꿈이자 희망이었다.

그가 꿈꾸었던 풍기의 미래는 어떤 모습이었을까?

아마 그는 풍기인삼과 풍기축구, 풍기인견, 풍기사과, 그리고 애국정신이 전국 최고가 되어 풍기의 자긍심을 높이고 젊은이들이 꿈과 희망을 버리지 않고 살아가는 살기좋은 풍기를 꿈꾸었을 것이다.

그는 설사 남들이 보기에는 고집과 아집이 심하다는 소리를 들을지언정 자신이 살고 싶은 삶을 살았다. 늘 새로운 삶을 위해 도전하면서 자신의 마음이 하고자 하는 일을 하며 살았다.

그가 제물을 모은것도 실은 풍기를 위해서였고 자신이 하고 싶은 것 또한 풍기를 위한것이었다. 그것은 그가 걸어가고 싶어 했던 인생의 여정이기도 했다.

그에게 삶이란 지위나 명성이 아니라 풍기를 위해 하루하루를 충실하게 살아가는 일상이었다. 그래서 그가 떠난 지금 우리에게 그의 존재감이 더욱 크게 다가오는 것인지도 모르겠다.

제3장
풍기인(豊基人) 김계하

풍기인삼(豊基人蔘)의 역사를 쓰다

풍기인삼하면 김계하

1980~90년대 영주에서 풍기인삼(豊基人蔘)하면 김계하로 통했다. 그를 아는 사람이라면 그를 '풍기인삼의 역사이고 산증인이라.'고 한다.

풍기는 우리나라 최초의 인삼재배지이며, 풍기인삼은 소백산 자락의 유기물이 풍부한 모래진흙과 인삼이 자라기 좋은 기후에서 재배되어 조직이 충실하고 인삼 향이 진하며 유효 사포닌 함량이 매우 높아 인체의 여러 기능에 도움을 준다고 알려져 있다.

1541년(중종 36) 신재(愼齋) 주세붕(周世鵬 1495~1554)이 풍기군수(豊基郡守)로 부임하면서 나라의 어려운 형편을 해결하고자 산삼(山蔘) 종자를 채취하여, 지금의 풍기읍 금계리 임실마을에서 시험 재배한 것이 인삼 재배, 즉 가삼(家蔘)의 효시(嚆矢)가 되었다. 이 때문에 풍기는 국내 인삼 재배의 발상지로, 주세붕을 인삼 재배의 원조(元祖)로 추앙하고 있다.

풍기인삼조합은 1908년 풍기삼업조합으로 발족하여 한국전쟁이후인 1956년 12월 사단법인 인가와 1957년 1월 영주군 홍삼원료생산구역 인가, 1959년 6월

위. 새마을전진대회 시 풍기인삼경작조합이 우수경작조합상 1등 수상
아래. 새마을전진대회 시 우승기 수상(김계하 전무이사)

예천군, 청송군, 단양군홍삼원료생산구역 인가, 1967년 7월 봉화군 홍삼원료생산구역 인가를 통해 조합의 기초를 다졌다.

  1971년 12월 충북 제천군 덕산삼업조합(德山蔘業組合)과 통폐합, 1973년 2월 백삼보관창고(31평), 백삼건조장, 수삼저장고(67평), 백삼검사실(60평) 건립, 1974년 1월 관할구역변경으로 영주군, 봉화군, 예천군, 청송군, 의성군, 금릉군,

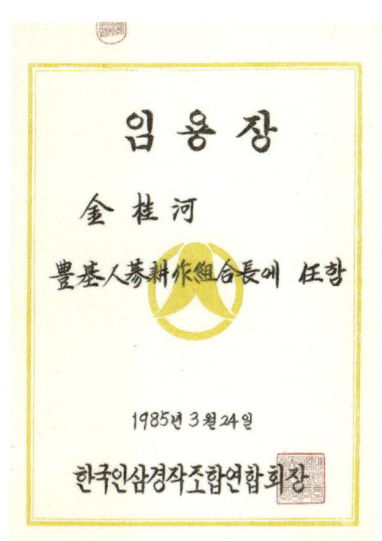

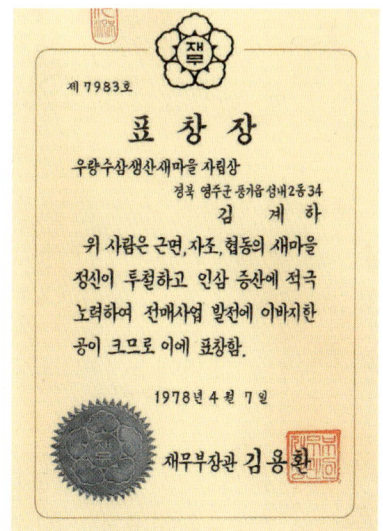 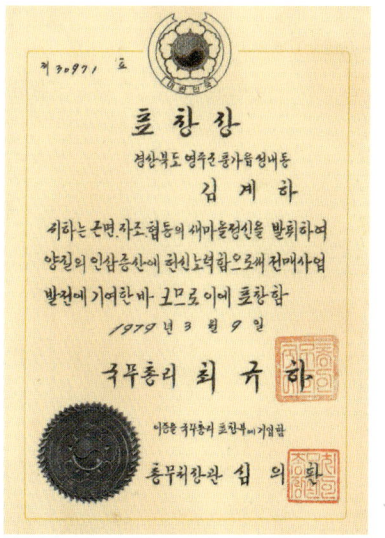

위. 김계하 풍기인삼경작조합장 임용장(1985년)
아래(좌). 김용환 재무부장관의 우량수삼생산 새마을자립상 수상(1978년)
아래(우). 최규하 국무총리로부터 받은 표창장(1979년)

선산군, 문경군, 상주군, 안동군 등 10개 군으로 지역을 확장하였다.

1975년 6월 수삼센터점포 20개(150평), 지하저장실(50평) 건립, 1977년 12월 관할구역변경으로 종래 10개 군에서 칠곡군, 영양군, 달성군, 군위군, 경주시, 월성군을 더하여 17개 시군으로 늘렸다.

1978년 3월 2일 조합 명칭을 풍기인삼경작조합(豊基人蔘耕作組合)으로 사단법인에서 공법인(公法人)으로 전환 인가를 내었다. 1989년 풍기인삼협동조합으로 명칭을 바꾸어 오늘에 이르고 있다.

김계하가 풍기인삼과 인연을 맺은 것은 1963년부터 풍기삼업조합(현 풍기인삼농협) 이사가 되면서부터다. 이후 상무이사 17년, 조합장(3선) 11년 등 30년 동안 풍기인삼조합에서 오로지 풍기인삼의 발전을 위해 평생을 바친 인삼인(人蔘人)이자 만년 조합장으로 불리어졌다.

풍기인삼은 늘 그의 삶과 함께한 가족이자 오랜 벗같은 존재였다. 그는 가족같은 풍기인삼이 풍기에만 안주해 있자 보다 적극적인 생산과 홍보를 통해 전국적으로 나아가 해외에서도 명성을 얻게하였다.

1996년까지 홍삼전매법에 의하여 홍삼은 전매청에서만 제조 판매하여 국내외 홍삼 수요량을 충족치 못할때에 김계하와 풍기 인삼경작인들이 주동이 되어 전국인삼경작인과 단합하여 홍삼전매법이 폐지토록하였으며 따라서 홍삼이 전매품이 아니므로 인삼을 관장하던 부서가 재무부 전매청에서 농림부로 이관하게 되었다.

풍기인삼의 오늘이 있기까지는 그의 역할이 매우 컸으리라 짐작된다. 늘「형편 닿는 대로, 알고 있는 대로, 내가 해야 할 일을 했을 뿐」이라고 말하던 김계하는 곧 풍기인삼이고 풍기인삼의 역사이다.

풍기인삼경작조합 정기총회에서 (1984년·1985년·1986년)

<김계하의 풍기인삼조합 이력>

직급	기간	임기	내용	비고
이사	1963년 9월 1일~ 1967년 8월 31일	4년		19년
	~1968년 3월 31일	1년 연장	전매청 회계년도와 맞추기 위하여 연장	
	1968년 4월 1일~ 1972년 3월 31일	4년		
상무 이사	1965년 12월 22일~ 1982년 3월 24일		1965년 12월 23일과 1968년 5월 2일 이사회에서 상무이사로 선임	
조합장	1982년 3월 24일~ 1985년 3월 23일	3년	연합회장 발령	11년
	1985년 3월 24일~ 1986년 1월 31일	1년 연장		
	1986년 2월 1일~ 1989년 1월 31일	3년		
	1989년 2월 1일~ 1993년 1월 31일	4년	대의원총회서 선임	

　해방후 어려웠던 풍기인삼은 그의 노력에 힘입어 1980~90년대 풍기인삼협동조합 관할 재배면적이 전국 재배 면적의 12%인 1,428ha를 차지하게 되었으며 연간처리 능력 또한 45M/T의 가공공장을 보유하게 되었다. 또 연간 6M/T정도의 태극삼을 가공하여 대만과 홍콩 등지로 수출하여 8억원 정도의 외화를 획득하는 쾌거를 거두기도 했다.

　평생을 풍기인삼발전에 헌신해 오면서 풍기 인삼에 기여한 것은 그 첫 번째가 인삼 경작면적의 확대이고 두 번째가 경작주재지도사제도의 전국 최초 도입, 세 번째가 '태극삼' 개발, 네 번째가 풍기인삼축제의 전신인 풍기인삼전진대제 개최, 다섯 번째 풍기인삼 해외수출 등이다.

김계하의 풍기인삼 시(詩)

만고심산(萬古深山) 소태백(小太白)에 / 진기화(珍奇花) 있으니 / 하늘이 내려주신 영초(靈草), 영근(灵根), 선삼(仙蔘)이네 / 신재 선생(愼齋 先生) 울밑 재배(栽培) / 그 역사(歷史) 오백여년(五百餘年) / 만방인(萬邦人)의 불로영약(不老靈藥) / 이 고장 자랑일세 / 토산유업(土産遺業) 길이이어 / 흙과 함께 살아가세【김계하(金桂河)】

풍기인삼조합의 부흥

한국전쟁후 풍기인삼조합은 1960년 4.19혁명의 발발과 함께 엄창섭 조합장이 사임하고 당시 지역의 국회의원이던 황호영이 조합장으로 선임되어 2년 임기를 마쳤다. 그 후 상무이사로 있던 배동표가 1963년 8월부터 상근 조합장으로 선임되어 2년 6개월 동안 재직했고 이어 1965년 12월에 상무이사로 있던 신태봉이 조합장으로 선임되었다.

1982년 신태봉 조합장이 임기만료로 퇴직하고 전무이사이던 김계하가 연합회장으로부터 조합장으로 선임되어 3선으로 11년간 재직하였다.

김계하는 1963년 풍기인삼조합의 평이사로 들어온후 1965년도에 상무이사, 1982년 조합장으로 활동하며 30년간 풍기인삼과 평생을 함께했다.

그가 조합일을 처음시작할 당시 조합 건물과 관련 자료는 한국전쟁의 폭격으로 대부분 소실되어 경리사무 등 모든 업무가 정상적으로 이뤄지지 않고 있었으며 부채정산을 하지 못해 어려움을 겪던 시절이었다.

더군다나 당시 조합장이 건강 문제로 조합장직을 사퇴했고 보궐선거에서 상무이사가 조합장으로 선임되자 감사의 감사거부와 직원의 직무태만 등 조합이 혼란스러운 시기였다. 이러한 내용은 1964년에서 1966년까지의 조합 총대 회의록에 고스란히 기록되어 있다.

이같은 혼란스러운 상황 속에서 조합의 체계를 바로 세우고 투명하게 조합을 경영할 수 있는 적임자로 천거된 사람이 바로 청년 김계하였다. 그가 조합이 혼란스러웠던 시기에 조합의 쇄신차원에서 특별채용되었고 1968년 5월 상무이사를 맡고 난 후 조합에 많은 변화들이 일어났다.

〈김계하의 풍기인삼 관련 활동〉

년 월 일	내용	비고
1964년 4월 20일	풍기인삼 해외 수출 교두보 마련	
1965년 12월 14일	조합 특별감사반에 편성 상무이사 당선(12월 23일)	
1966년 7월 16일	상무이사로 일본에 다녀옴 백삼 10,000달러 수출 (관할구역 : 영주, 예천, 청송)	
1968년 5월 2일	상무이사 당선	
1969년 8월 4일	조합 이사회에 인삼연구원과 과천인삼시험장 견학 보고 (관할구역 : 봉화 확장)	

1970년 6월 4일	최초 주재 경작지도사제도 시행 및 태극삼 개발 조합 수출소위원회 위원 임명	
1971년	예천군, 단양군 확장(제천군 덕산조합 흡수)	
1973년	백삼 434,000달러 수출(8년만에 43배 수출 신장)	
1974년	의성, 금릉, 선산, 문경, 상주, 안동군 확장	
1977년	칠곡, 영양, 달성, 군의, 경주, 월성 확장(18개 시군)	
1978년 4월 7일	재무부장관 표창(우량수삼 생산으로 전매사업 발전 유공)	
1979년 3월	국무총리 표창(3월 9일 잎담배 및 인삼증산으로 농촌소득증대 기여) 전국 인삼경작 주재지도사로 대 농민 봉사 활동	
1980년	풍기인삼선양회 조직	
1984년	한국인삼조합연합회 회장 취임(1월) 제1회 풍기인삼전진대제 개최(10월 풍기인삼축제 전신) 풍기인삼 경작자 대상 인삼경작 기술 교육 실시	
1985년	풍기인삼(백삼, 수삼) 보관창고 및 검사실 건립(1월) 문민공주선생송덕비 건립(풍기인삼조합 내) 제2회 풍기인삼전진대제 개최(10월)	
1986년 10월	인삼경작 면적 22배로 확대 제3회 풍기인삼전진대제 개최	
1989년 10월	제4회 풍기인삼전진대제 개최	
1990년 9월 13일	풍기인삼시장 개장	
1991년 11월 1일	석탑산업훈장 수여(복지농촌건설 기여)	

그후 1982년 조합장(26~28대 1982. 3. 24. ~ 1993. 1. 31.)에 취임한이래 본청사(本廳舍) 준공(1984년 12월 8일), 조합명칭을 풍기인삼협동조합(豊基人蔘協同組合)으로 개칭(1989년 1월 1일), 풍기 유전마을, 백신1리, 두산2리 등의 마을을 삼마을로 지정해 지원하기도 했고 백삼보관창고, 백삼건조장, 수삼저장고, 백삼검사실 신축, 수삼센타 점포 20개(150평), 지하저장실(50평) 신축과 풍기인삼

시장내 신용업무인가 개설(1991년 3월 8일), 주세붕인삼공덕비 건립 등도 그가 이루어 놓은 일들이었다.

이처럼 보통 사람들로서는 생각할 수도 없는 기발하고 엉뚱한 생각을 실천에 옮겼던 그는 30년간 조합에 근무하면서 풍기인삼조합 뿐만 아니라 우리나라의 인삼계, 세계 인삼분야에 큰 족적을 남겼다. 다음은 1993년 1월 30일 인삼조합장을 마치면서 남긴 인사말이다.

오늘 좋은 날씨도 조합을 축복하는 것 같습니다.
1993년 정기총회에 참석하신 중앙회 금 시 전무이사님과 임원. 총대 여러분들께 감사의 말씀을 드리며 조합이 1908년 창립이래 오늘까지 많은 어려운 시기를 겪으면서 80여년의 역사를 이어왔습니다.
앞으로 U.R체결시 세계인삼시장은 많은 변화가 예상되고 있는데 우리 농민이 살아나가야할 것을 모색해야할 시기라고 생각을 하며, 전매제도에 묶여서 우리가 생산한 수삼을 우리가 마음대로 가공할 수 없기 때문에 4~5년 근도 홍삼을 제조할 수 있도록 법과 규정을 과감히 고쳐나가야 될것이라고 생각합니다.
오늘 이제 조합장도 바뀌고 임원들의 임기도 끝이나고 해서 새로운 조합팀이 구성되는데 보다 적극적인 자세로 임하여 인삼사업법 개정시 총대, 임원 여러분들도 적극적으로 참여해야 될 줄로 믿습니다. 우리가 하나가 됨으로 과거에 없었던 흐뭇한 결산을 하게됨을 총대님들께 감사를 드립니다.
제가 1962년도 조합 평이사로 들어와서 1965년도에 상무이사, 그 후 전무이사 조합장으로 28년 동안 아무런 대과없이 이자리를 마무리 하게 됨을 여러 총대님들에게 감사를 드립니다.
존경하는 총대여러분, 우리는 지도사업도 궤도에 올려보았고, 또한 실수도 많이 해 본 가운데 미약한 조합이 군이나 중앙회 또한 경상북도 등의 협조를 얻어 인삼농민 보호를 위해 노력했지만 큰 결과 없이 임기를 마치게 되는 것 같습니다.
우리는 힘만 합치면 어떠한 어려움도 해쳐나갈 수 있다고 자부합니다. 오늘 이

자리를 떠나지만 평범한 삼업인의 한사람으로서 남을 것입니다.

　끝으로 오늘 회의가 잘 마무리 될 수 있도록 총대님들의 많은 협조를 부탁드리며 인사에 가름하다. 【풍기인삼협동조합 제 50차 정기총회】

풍기인삼 수출 교두보 마련

　"여러분도 잘 아시고 있을 줄 압니다만은 우리 조합이 일본 삼정물산(三井物産)과 긴밀한 연락을 하고 있습니다. 우리가 인삼을 잘 경작하여 고가로 판매하기 위한 판로는 오직 외국 뿐입니다. 그러니 여러분들은 무엇보다도 백삼을 잘 만들어서 놓으면 판로는 우리들이 하겠습니다."

　이 글은 김계하는 1967년 4월 20일 당시 풍기삼업조합(현 풍기인삼농협) 정기총대회 회의에서 이사로 풍기인삼의 일본 수출에 대하여 언급한 것이다.

　풍기인삼은 이미 1964년 4월에 해외수출 교두보를 마련하였다. 그는 1965년 한일협정 이후 일본을 자주 왕래하면서 풍기인삼의 판로개척으로 일본 등 해외수출에 주목하고 이를 위해 적극적으로 활동하였다. 그 결과 1966년 백삼 10,000달러를 수출하였다.

　특히 1970년 6월 4일 풍기삼업조합 상무이사로 조합 수출소위원회 위원에 위촉되어 풍기인삼의 해외 수출을 위한 교두보를 마련하는데 큰 역할을 하였다. 1973년에는 434,000달러를 수출하여 8년만에 43배의 수출을 신장시키는 쾌거를 이루기도 했다.

　1970년대 풍기산 수삼을 원료로 태극삼을 만들어 일본과 대만에 수출하여 8억원 정도의 외화를 획득하였다. 그후 풍기인삼은 품질이 우수하여 해외에도 널리 알려지게 되었다.

인삼 경작면적 및 관할구역의 확대

　조합이사에서 상무이사로 취임하고부터 조합의 내실을 다지고 활성화하기 위해서는 인삼경작 면적의 증대에 있음을 인지하고 인삼경작 면적 확대에 주력한다. 1966년 63,464평이던 인삼경작 면적이 10년 후인 1976년에는 5배가 넘는 352,745평으로 늘었고 20년 후인 1986년 조합장이던 때는 무려 22배에 이르는 1,384,400평으로 크게 늘었다.

　또 풍기삼업조합의 관할구역도 1966년 당시 영주군, 예천군, 청송군 등 3개 지역이던 것이 1969년도에 봉화군을 추가했고, 1971년에는 충북 제천군 덕산삼업조합을 흡수 통합해 제천군과 단양군을 관할하게 되었다.

　1974년에는 영주, 봉화, 예천, 청송, 의성, 금릉, 선산, 문경, 상주, 안동군 등 12개군으로 확장했고 1977년에는 칠곡, 영양, 달성, 군위, 경주, 월성군을 더해 18개 시군으로 늘렸다. 지금은 경북의 서남쪽 구미, 선산, 고령, 성주군 4개 지역을 제외한 경상북도 일원이 관할구역으로 확대 되었다.

　　옛날엔 인삼재배에 통제를 많이 받았지만 지금은 많이 자율화돼 생산량도 많아짐은 물론 제품도 다양화 되고 수출도 많이 이루어지고 있는 것 같아 다행입니다. 예전에 비해 기계화가 되고 생역화돼 인삼경작이 쉬워졌다. 옛날에는 짚으로 매년 새롭게 덮어야 됐는데 지금은 차광막과 지주목도 수명이 10년정도 오래 사용한다. 옛날에는 경작허가와 작황검사, 식품검사 등 모든 것을 매년 다 받아야 하는 등 통제(허가)됐던 것이 지금은 자율화됐다. 그 바람에 제품도 다양화되고 수출도 많아졌다. 【김계하 조합장】

인삼 주재 경작지도사제도 시행

김계하는 1970년대 초반 충북 덕산조합을 통합하면서 체계적인 인삼포 시설물 설치와 인삼방제 소독 등 과학적인 인삼경작 지도가 필요하다고 판단하고 전국에서 처음으로 주재 경작지도사제도를 만들었다.

경작지에 주재하면서 인삼재배농들에게 경작을 지도했던 최초의 지도사는 영주지역 류정희, 예천지역 이문식, 충북지역 최종문 씨 등 3명이었다. 1980년에도 지도사 49명으로 당시 인삼조합 상무이사였던 그는 그들에게 기동력이 필요하다는 판단하에 자금을 대출받아 90cc오토바이를 단체로 구입, 경작지도용으로 활용했다.

이후 경작지도사제도를 도입한 타 조합들이 지도사들에게 지급된 오토바이도 그대로 벤치마킹해 갔으며 그의 아이디어가 전국적으로 확대되어 인삼분야의 혁신사례 중 하나로 큰 호응을 얻었다.

이 경작지도사제도는 1979년 전매청에서도 공식적으로 도입해 전국에 130명을 공개적으로 채용했고 3개월간 합숙교육을 시킨 후 1개 조합에 10여명씩 배정해 조합에 출근하지 않고 현지에 주재하면서 인삼경작 농민들을 지도하여 큰 성과를 거두었다. 이들 지도사들의 활동은 우량 인삼생산과 청정 인삼을 생산하는데 많은 기여를 했으며 이 지도사들이 나중에 조합의 과장, 상무, 전무, 조합장으로 성장해 나갔다.

「태극삼(太極蔘)」의 개발

인삼은 우리나라가 종주국으로 품질과 효능이 세계 어느 나라 보다도 뛰어난데 특히 우리나라 인삼 중에서도 풍기인삼은 자연환경이 산삼 자생지와 비슷해 가상 우수하다고 알려져 있다.

일본에서도 세계에서 제일 좋은 인삼으로 풍기인삼을 꼽았다. 이 때문에 한일 국교가 회복된 이후 일제 강점기 때 우리나라에 진출해 있던 삼정물산(三井物產)과 계약이 이뤄져 1966년부터 백삼과 미삼을 수출했다고 한다.

종교계통을 통해 세계각국에 인삼을 수출하던 일화제약회사는 품질이 가장 우수한 풍기산 원료수삼을 구입하기 위해 풍기에 상주하면서 풍기삼업조합을 통해 원료를 확보하도록 할 정도였다.

하지만 1차 생산물인 백삼과 미삼으로는 농가소득을 보장할 수 없다는 판단 아래 홍삼 등 2차 가공품으로 진출을 고민해야 했다. 당시 인기가 좋았던 홍삼은 홍삼전매법에 의해 전매청이 제조와 판매를 독점하던 시기여서 매우 고가인데다 구하기 조차 어려웠던 시절이었다.

1970년대 홍삼전매법이 유효하던 시절 전매청 외에는 홍삼을 가공할 경우 법에 따른 제재를 받으므로 홍삼을 구하기가 쉽지 않았다. 이에 일본 대만 등지에서는 홍삼과 비슷한 삼(蔘)이라도 원하게 되고, 이때 김계하가 개발한 것이 바로 태극삼(太極蔘 일본명 유도시)이다.

태극삼은 수삼을 끓는 물에 데쳐 말린 것으로 홍삼과 백삼의 중간제품이다. 김계하가 우수한 풍기인삼을 원료로 사용해 꾸준히 연구 개발하여 제조해 공급한 풍기 태극삼은 홍삼의 대체품으로 명성이 높았다.

이때문에 태극삼의 최대 소비국인 대만에서는 태극삼하면 '김계하', 또는 태극삼은 '풍기', 풍기하면 '태극삼'이라고 할 정도로 풍기가 어느 지역에 있는지는 몰라도 우수한 인삼생산지로 널리 알리는데 큰 역할을 했다.

태극삼이 인기가 많아지자 타 지역에서 태극삼을 만들어 대만에 수출하려고 했다. 그러나 대만의 인삼 수입회사는 태극삼 구입계약시 3분의 1 이상을 풍기에서 생산되는 원료 수삼을 사용해야 한다고 명시해 한때 전국에서 태극삼의 원료 수삼을 구입하기 위해 풍기로 몰려들기도 했다는 얘기도 전해져 오고 있다.

그는 바보처럼 조합 활성화를 위해 자신이 만들고 판로를 개척한 태극삼의 명성과 제조와 가공의 노하우 그리고 수출바이어(대만 산대화 강문빈 사장)를 모두 조합에 인계해 조합에서 태극삼을 수출을 하게 하였다.

풍기인삼시장의 개장

김계하는 조합장으로 있으면서 풍기인삼의 상권회복을 목적으로 사업비 10억 1,400만원을 투자하여 1989년 6월 15일 착공, 1990년 9월 13일 영주시 풍기읍 서부2리 143-3에 사단법인 풍기인삼시장을 개장하였다.

시장의 규모는 부지면적 897평, 건평 612평(높이 3층, 지하의 주상복합건물), 복합건물 외 인삼시장 점포수 48개소를 가지고 있고 연간 유통량은 360M/T(72억원)정도였다.

시장의 특징은 3층 높이의 4각형으로 윗 둘레 3면에 붉은 인삼딸기 송이가 달린 인삼을 그려 놓았는데 앞면에 24뿌리, 남쪽 면에 16뿌리, 북쪽 면에 15뿌리, 모두 55뿌리가 그려져 있다.

2005년도에는 정보화마을로 지정되어 건물 현관에 홍보관을 마련하였고 상가별로 컴퓨터를 통한 정보교환을 실시하고 2007년도에는 4억원의 예산으로 건물을 리모델링하였다.

풍기인삼전진대제를 개최

해마다 10월에 개최되고 있는 영주의 대표축제인 풍기인삼축제는 1984년 10월에 개최된 풍기인삼전진대제(豊基人蔘前進大祭)에서 시작되었다. 1984년 김계하는 당시 풍기인삼경작조합의 조합장으로 사무실 준공에 맞춰 제1회 풍기인삼전진대제를 조합 단독으로 개최하였는데 첫 행사부터 여러가지 어려움이 부딪혀야 했다. 사실 풍기인삼전진대제는 그가 풍기인삼경작조합 전무시절이었던 1973년에 6개월 동안 농업연수생으로 일본을 다녀온 뒤 1980년 풍기인삼선양회를 조직하여 축제 개최를 구상했다고 한다.

> 당시 일본 농업연수생으로 갔다가 느낀게 많았다. 품목을 다양하게 준비해 전시행사로 제전(축제)을 열고 있는 것을 보고 우리고장에도 인삼축제를 열어야 겠다고 생각했다. 【김계하 조합장】

> 당시 인삼조합이 홍삼전매법에 의해 재무부 산하 전매청의 지시 감독을 받고 있었기 때문에 행정기관과는 별반 관계되는 것이 없었다. 이 때문에 각 학교와 시청, 경찰서, 보건소 등을 찾아다니며 일일이 협조요청을 해야 했고 각 기관들의 비용 지원은 물론 동원 학생들의 선물과 거리 등달기, 현수막 제작, 아치 탑 제작 등 모든 업무를 조합이 부담해야 했다. 어렵고 힘이 들었지만 조합장이 뚝심으로 앞에서 잘 이끌어 줘 원만히 해결할 수 있었다. 【조경덕 전 풍기인삼협동조합 상임이사】

풍기인삼경작조합이 1984년 10월 14일~16일에 개최된 첫 풍기인삼전진대제는 김계하의 발상과 기획, 진행으로 일구어낸 사업이었다. 축제 당시 거리행렬 등에 학생들이 참여해 풍기 시가지를 꽉 메웠고 매년 유일하게 성대히 열리던 군민체전보다 더 성대하게 치루어졌다.

제1회 풍기인삼전진대회(1984년)
위로부터 기념사, 귀순용사 공탁호 반공 강연회, 인삼 씨앗 뿌리기

제2회 풍기인삼전진대회(1985년)
위로부터 기념식 행사장, 가장행렬, 인삼씨름대회

제3회 풍기인삼전진대회(1986년)
위로부터 아시안게임 성화 봉송과 인삼아가씨, 모래가마니 들기, 인삼마라톤대회

〈풍기인삼조합이 주최한 풍기인삼전진대제〉

회수	기간	주최
제1회 풍기인삼전진대제	1984년 10월 14일~16일	풍기인삼경작조합
제2회 풍기인삼전진대제	1985년 10월 15일~17일	풍기인삼경작조합
제3회 풍기인삼전진대제	1986년 10월 13일~15일	풍기인삼경작조합
제4회 풍기인삼전진대제	1989년 5월 15일~16일	풍기인삼조합

당시 시가지 가장행렬을 준비하면서 학생들이나 주민들의 자부심이 대단했고 지금처럼 가수나 연예인을 불러 보여주는 축제가 아니라 전체 읍민이 참여하는 주민참여 축제였다. 또 리동별 씨름대회에는 순수 자비로 송아지 한 마리를 상품으로 내놓았다.

풍기인삼전진대제는 행정기관의 지원없이 인삼조합이 주최가 돼 1984년부터 1989년까지 4차례 개최되었지만 이러저러한 사정으로 10년 가까이 열리지 못하다가 영주시와 영풍군의 시군통합 이후인 1998년에 제1회 풍기인삼대제란 이름으로 부활해 치루어졌는데 총 5차례 진행되다가 한해 뒤인 1999년부터 지금의 풍기인삼축제란 이름으로 매년 개최되고 있다.

1999년 문화체육관광부 유망축제로 지정된 이래 10년간 연속 유망축제로 선정됐으며, 2011년부터는 3년 연속 문화체육관광부 우수축제로 지정되었다. 2003년부터는 지금의 풍기인삼축제란 이름으로 오늘날까지 열리고 있다.

김계하는 1984년 첫 인삼대제에 북한의 정치보위부 관리로 근무하다 판문점을 통해 걸어서 귀순한 공탁호 씨를 초청하여 명예 이사증을 수여하고 반공강연을 펼쳤다.

제4회 풍기인삼전진대회(1989년)
위로부터 인삼아가씨 선발대회, 인삼씨름대회, 가장행렬

또 『정감록』 제일승지인 풍기를 찾아 피난 온 북한 사람들이 많이 살고 있다는 것에 착안해 북한에 두고 온 가족과 그 곳에서의 생활 등 궁금한 것을 어느 정도 해소해 주기 위해 정보기관 출신 귀순용사를 초청해 실향민의 아픔과 설움을 달래 주기도 했다.

또한 1989년 제4회 축제 때는 '손기정배 단축마라톤대회'를 개최하기도 했다. 당시 이 대회에서 직접 출발 신호탄을 쏘아 올렸던 손기정 선수는 "자신의 이름을 단 마라톤대회는 처음"이라고 감격해 했다고 한다.

김계하는 "사람들이 자연에서 혜택을 누리고 살면서 자연서 너무 삼(蔘)을 과다 채취를 했다. 다시 자연으로 돌려줘야 한다."고 하면서 경북경찰청 헬기를 이용해 인삼 종자를 소백산에 뿌리는 행사를 축제 때마다 진행했다.

그는 풍기 인삼에 대한 애정은 매년 축제를 개최할때마다 획기적이고 다양한 이벤트를 개발하여 지금의 풍기인삼축제의 발판을 다졌다. 김계하는 평소 지금의 인삼축제를 다음과 같이 평하기도 했다.

> 당시는 지역 축제였는데 지금은 축제가 광대해졌다. 인삼만 전시하거나 판매하지 말고 지역의 역사와 문화, 농특산물, 스포츠 등 모든 분야가 축제와 연계돼야 인삼축제가 더 발전할 수 있다. 【김계하 조합장】

문민공주선생송덕비(文敏公周先生頌德碑) 건립

김계하는 1985년 풍기인삼조합 조합장 재임 중 주세붕 선생 송덕비를 건립하였다. 이것은 대한민국 인삼의 가삼(家蔘) 재배 시작이 주세붕 군수에 의하여 풍기에서 가장 먼저 시작되었다는 설을 뒷받침 할 수 있는 근거(根據)를 마련하는

문민공 주선생 송덕비

작업이었다. 당시 정용팔 안동전매지청장이 두 번에 걸쳐 재임하면서 이 사업을 적극적으로 추진하게 되었다.

국가기관으로부터의 승인절차를 위하여 인삼재배의 「발상고(發祥考)」 작성 인삼관계자 간담회 인삼재배의 고증적 자료수집을 적극적으로 추진하여 1979년 9월 22일 건의하며 마침내 1979년 10월 17일 전매청 공문 「삼정 1920-487(261-3618)」 송덕비건립 승인을 받게 되는 역사적 계기를 마련한 것이다.

다음은 송덕비건립에 대한 동기와 배경과 건립사업 요지 및 문민공주선생송덕비(文敏公周先生頌德碑)이다.

송덕비 건립의 동기와 배경

풍기의 인삼재배는 450년 전 신재 주세붕 풍기군수가 부임하여 4년 6개월을 재임하면서 오랜 역사 속에서 소백산을 중심으로 산삼이 많이 자생하는 까닭에 당연히 인삼공납의 부과가 과다하여 민폐가 적지 않아 어떻게 하면 공납폐단을 줄여갈 수 있을까 하는 고뇌 끝에 대역죄의 모험을 감수한 위대한 결단의 산물로 탄생하게 되었다.

당시의 시대 상황으로 볼 때 공공연한 민가 재배는 절대적으로 금지되어 있었다. 따라서 주세붕 군수의 처음 시도를 추측해 볼 때 목민관으로서 선생의 지혜와 슬기를 엿볼 수 있다.

즉 산삼의 성장 과정과 자생여건을 면밀히 살펴보고 시험 재배한 사실을 문서기록으로는 확인할 수 없으나 전통적으로 인삼재배를 꾸준하게 지켜봐 온 금계마을 주민들의 구전(口傳)에 의하여 충분히 고증할 수 있다.

그래서 주세붕 군수의 이러한 고귀한 업적을 기리고 지역특산물을 널리 알림으로써 인삼발전의 역사적인 전환점을 마련하고자 풍기인삼경작조합(조합장 :

신태봉, 전무 김계하)과 관할 감독기관인 전매청(안동지청장 : 정용팔)의 약 3년 간에 걸친 방대한 자료수집과 연구를 수행했고 그 결과 풍기가 인삼의 최초 가삼재배지임을 인정받게 되었다.

송덕비 건립 요지

주세붕 군수 송덕비 건립사업에 대한 행정절차는 무척 어려운 과정을 거쳐 국가기관인 전매청으로부터 인가를 받게 되었다. 1979년 9월에「발상고」를 작성하여 1개월 후 업적을 공인한 회시 공문이 접수되고도 누차에 걸쳐 세심하게 재검토하고 설계 등 송덕비건립추진계획을 세우는 과정에 정용팔 지청장이 인사이동되어 타지역으로 전출되어 잠시 주춤하였다.

그러나 우연하게도 1984년 다시 안동지청장으로 부임하여 기공을 보게 되며 1985년 10월 18일 풍기인삼축제기간에 대망의 제막식이 거행되었는데 인삼종주국으로서 인삼재배의 시원지를 이 땅에 각인한 역사적인 행사였다.

주세붕 군수 송덕비건립의 공적은 두 차례에 걸쳐 전매청 안동지청장으로 재임하였던 정용팔 지청장(2002년 작고)의 집념과 풍기삼업조합의 적극적인 뒷받침이었다. 복잡한 공무 가운데 풍기인삼의 우수성을 알리고 풍기가 인삼의 최초 재배지라는 역사적 사실을 고증하기 위해 전매지청 직원과 인삼조합직원 및 풍기인삼 관계자가 총동원되어 이루어낸 걸작이다.

이로써 인삼전설을 사실화하였고 인삼발전의 새 지평을 열 수 있었다. 물론 그 과정에서 재정문제도 만만치 않았다. 소요 금액이 500여만 원이 소요되었는데 국가보조는 없었으며 조합의 재정이 부족해서 직원들의 급여조차 제 때에 주지 못하던 열악한 예산에서 조합장(組合長)의 사비(私費)와 인삼관계자 성금(誠金)으로 세워졌다는 것도 특기할 만한 일이다.

【문민공주선생송덕비(文敏公周先生頌德碑)】

　우리나라는 예로부터 인삼(人蔘)의 종주국(宗主國)으로 조선하면 곧 인삼을 연상(聯想)케 하나 산삼(山蔘)에만 의존(依存)하여 오다가 조선(朝鮮) 중종(中宗)때에 문민공(文敏公) 신재(愼齋) 주세붕 선생(周世鵬 先生)이 풍기군수로 재임 중(서기 1541~1545)에 당시 국민의 징삼(徵蔘) 의무(義務)를 덜어주기 위하여 삼재배법(蔘栽培法)을 개발보급(開發普及)한 것이며, 그 기원(起源)으로서 현재는 국내수요(國內需要)외에도 세계각국(世界各國)으로 수출(輸出)되어 농작물 중에서 적은 면적(面積)으로 가장 많은 외화획득(外貨獲得)을 하고 있는 천혜(天惠)의 자원(資源)으로 생약재(生藥材)로 인류보건(人類保健)에 크게 기여(寄與)하고 있다.
　선생의 본관(本貫)은 상주(尙州), 자(字)는 경유(景遊), 호(號)는 신재(愼齋)요 부는 참판공(叅判公) 문보(文補), 모는 정부인(貞夫人) 창원 황씨(昌原黃氏)이며 성종(成宗) 26년 10월 25일 출생 유년시(幼年時)부터 효우(孝友)에 지극(至極)하였으며, 18세에 향시(鄕試)에서 장원(壯元)하고 28세에 사마(司馬) 및 문과(文科)에 급제(及第)하여 승문원(承文院) 정자(正字)로 사가(賜暇) 호당(湖當)을 거쳐 각 요직(要職)을 역임하고, 47세에 풍기군수로 부임하여 권학유례(勸學諭禮)하니 군민이 감화(感化)되었고, 익년(翌年) 국내 처음으로 백운동(白雲洞) 현 소수서원(現 紹修書院)을 세워 양사(養士)하였으며 기민(飢民) 구휼(救恤)하고 구황농법(救荒農法)을 지도(指導)하며 당시 주민의 가장 큰 고민(苦悶)이며 지방관(地方官)과 조정(朝廷)의 난제(難題)로 중국과의 교린상(交隣上) 필수품(必須品)이던 산삼(山蔘) 징납(徵納)을 대체(代替)할 삼재배법(蔘栽培法)을 개발보급(開發普及)함으로 흥리혁폐(興利革弊)를 감행(敢行)하였음은 모험적(冒險的)인 위국충성(爲國忠誠)으로서 초범(超凡)의 치적(治績)이 아닐 수 없다.
　선생은 다시 직제학(直提學), 도승지(都承旨), 호조참판(戶曹叅判)을 역임, 55세에 황해도(黃海道) 관찰사(觀察使)로 부임하여 해주에도 수양서원(首陽書院)을 창건(創建)하였고, 성균관 대사성(成均館 大司成) 동지경연(同知經筵)등을 역임하다가 명종(明宗) 9년 7월 2일 60세로 生을 마쳤다.

선생은 성리학(性理學)의 탐구(探究)와 경의(敬義)를 신조(信條)로 하여 사치를 버리고 실천(實踐)에 힘쓰고 부친상(父親喪)을 당히여 3년 수려(守廬)하였다.

　중종(中宗), 인종(仁宗), 명종(明宗) 3조(朝)의 신신(藎臣)이며 청백리(淸白吏)에 녹선(錄選)된 청렴강직(淸廉剛直)한 당대(當代)의 유종(儒宗)으로 천고(千古)에게는 귀하고 거의 없는 산삼을 의무적(義務的)으로 매년 많은 양을 공납(貢納)하여야만하는 기록(記錄)하지 못할 갖은 고생(苦生)을 다하였으나 이 고충(苦衷)을 해소(解消)하고 재배삼을 보화로 돌려주신 인삼재배의 원조(元祖) 문민공(文敏公) 주선생(周先生)에게 감사(感謝)하며 천하(天下)에 선생의 빛난 업적(業績)을 밝히고 길이 찬송(讚頌)하여 삼의 본고장(本故庄)에 지역민(地域民)의 성(誠)을 모아 이비(碑)를 세운다.

　다시 새겨 선생의 높은 뜻은 온 누리에 배움의 길을 열어 놓았고 선생의 끼친 업적은 온 겨레의 삶을 도왔도다. 소백산 도솔봉(兜率峰)의 외외(巍巍)한 모습. 선생의 덕(德) 혜(惠)를 우러러 상징(象徵)하여라.

　백약(百藥)의 양초(洋醋), 이제 상막(床幕)에 아아 하니 선생의 넋이 오늘도 어려계신 듯 여기 이 비(碑)에 뭇사람의 정성(精誠)을 새겨 담아 길이길이 선생의 공덕(功德)을 추모(追慕)하노라.

서기 1985년 10월 일
안동전매지청장(安東專賣支廳長) 정용팔(鄭鏞八) 근찬(謹撰)
풍기인삼경작조합 조합장 김계하 건립(建立)

영원한 인삼인(人蔘人)

풍기인삼하면 김계하라는 이름을 빼놓고는 이야기 할 수 없다. 풍기인삼의 역사에 그의 손길이 미치지 않은 곳이 없을 정도로 한평생을 인삼인(人蔘人)으로 살다 갔다. 다음은 알려지지 않은 풍기인삼과 관련된 그의 배려심이 담긴 이야기다.

수만평의 인삼을 경작하던 때 1988년 경 수해를 당해 3만평 가량의 인삼밭이 떠내려가는 피해를 입었다. 그는 평당 10만원씩 계산해도 줄잡아 30억원의 피해를 본 것이다. 당시 조합장이던 그는 김진영 국회의원(전 영주시장)에게 달려가 피해농가를 도와달라고 호소하였다. 이에 국회의원의 도움으로 농림부에 50억원의 복구비를 받아와 피해농가당 200만원씩 저리융자를 해줘 복구비로 활용토록 하여 회생하도록 했지만 정작 본인은 한푼의 복구비도 가져다 쓰지 않았다.

1988년 국회의원에 당선된후 영주에 수해가 났는데 그때 인삼밭이 큰 수해를 입었다. 김계하 인삼조합장이 찾아와 수해를 본 인삼농가를 도와달라 했는데 당시 인삼조합은 재무부 산하였으나 자금이 없어 농림부 자금으로 저리자금을 받아 인삼경작자들을 도왔던 기억이 난다. 그때 나에게 울면서 감사장을 주시던 김조합장님의 모습이 아직도 눈에 선합니다.【김진영 전 영주시장】

사실 김계하는 1993년 어음부도로 인해 가세가 기울었지만 이미 1988년 수해로 상당부분 재산상의 손해를 본 것이 더 큰 시련이었을 것이다. 그는 자신에게 더 큰 시련과 어려움이 닥쳐왔음에도 당시 피해를 본 인삼 농가를 위해 자신의 어려움을 돌보지 않았다. 또 그는 수만평의 인삼을 재배하다 보니 인부들을 데리고 일하러 다니는 날이 많았다. 하루는 인부들과 함께 인삼을 수확하고 난 뒤 수확한 인삼을 트럭에 싣고 가는데 인삼을 실은 트럭에서 수확한 인삼 한덩어리가 떨어졌다. 뒤따르던 차량에 타고 있던 그에게 운전기사가 차를 세워 다시 싣고 가려고 하자 그냥 두라고 호통을 치더란다. 인부들이 하루종일 일을 했으니 떨어뜨린 인삼을 찾아서 팔아 막걸리라도 한 잔 해야 되지 않겠느냐는 것이다. 이는 하루종일 고생했던 인부들에 대한 그의 작은 배려였다.

풍기축구의 든든한 후원자

풍기의 축구(蹴球) 역사

영국에서 시작된 근대 축구(蹴球)가 한국에 전파된 것은 1882년(고종 19) 제물포에 상륙한 영국 군함 '플라잉 피쉬(Flying Fish)'호의 승무원들을 통해서인 것으로 전해진다. 1904년 서울의 관립(官立) 외국어학교에서 체육과목의 하나로 채택되면서 보급되었다.

1920년대부터 각종 장비를 갖추고 경기를 하게되는데 1921년 제1회 전(全) 조선 축구대회가 개최되고, 이어 1928년 5월 22일 우리나라 최초의 축구 조직인 '조선심판협회'가 창립되었다. 이어 5년 뒤인 1933년 9월 19일 '조선축구협회'가 창립됨으로써 한국에서 정식으로 축구가 조직화되고 발전할 수 있는 기틀이 마련되었다.

축구는 일제강점기 가슴에 쌓인 민족의 울분을 풀어줄 수 있는 유일한 청량제였고 독립의 희망을 키울 수 있는 싹이었다. 일제 말기 강제로 해산되었던 조선축구협회는 해방과 함께 1948년 9월에 대한축구협회로 개칭하면서 새롭게 출범했다.

충북 단양 중선축구대회 우승과 준우승(1941년 8월)

풍기의 축구 역사는 기록으로 보아 일제강점기인 1925년 5월 27일 풍기보통학교와 순흥보통학교간 축구경기가 있었던 것으로 보아 그 이전으로 거슬러 올라가는데 언제부터 축구가 시작되었는지 알 수는 없다.

1925년 5월 27일 풍기보통학교와 순흥보통학교간 축구와 정구 경기를 풍기보통학교 운동장에서 개최하였는데 정구가 풍기군이 패하자 이를 분개해하여 돌을 던지는 등 방해를 해 축구가 중지되고 우승기도 얻지 못하고 순흥보통학교 학생들이 돌아갔다. 이에 많은 사람들이 풍기군의 처사를 비난했다. 【풍기 순흥보통학교간 축구와 정구 경기에 투석】 당시 신문기사

1930년대부터는 풍기 축구는 각종 축구대회에 참가하기 시작하는데 당시는 교통편이 불편하여 안동과 단양 등지를 걸어서 참가 할 정도로 여건이 좋지 않았다. 당시 풍기 축구에 관심이 많았던 김계하는 그때를 다음과 같이 회상했다.

1939년 중선대회(中鮮大會), 남선대회(南鮮大會) 등의 축구대회가 있었는데 이

중선대회는 주로 죽령 넘어 단양에서 열리곤 했는데 이때 중선대회에 참가한 풍기대표팀은 A, B 두팀이 노장파, 소장파로 나누어 참가하여 우승과 준우승을 하였다.

당시에도 풍기축구가 상당한 실력을 갖추고 있었던 것으로 보인다. 1957년 8월 15일 풍기 최초로 부락대회(部落大會) 축구경기가 시작됐다. 풍기 십자거리를 중심으로 남북으로 양분해 팀을 만들어 시합을 했다.

1959년에 2회를 개최한후 2년간 축구경기를 치루지 못하다가 다시 1962년에 부활해 풍기체육회장기로 대회의 명칭을 바꾸어 동별 6개 팀이 참가 해 경기를 치루었다.

1973년에는 풍기체육회장기 겸 새마을운동 축구대회로 다시 명칭을 바꿔 30개동이 참여하는 축구대회를 14년간 개최해 오다가 1987년 8.15 이후 역사의 뒤안길로 사라졌다.

풍기는 작은 읍소재지이지만 축구에 대한 열정과 사랑만은 전국 최고였다. 1970년대부터 풍기조기회, 영풍조기회, 소백조기회, 일심조기회 등의 조기축구회(早期蹴球會)가 조직되어 그 활동이 지금까지 이어져오고 있다.

이들 조기축구회는 1974년 북부지구 축구대회와 1982년 도민체육대회 영풍군 대표로 참가 하는 등 발굴의 실력을 보여 주기도 했다.

김계하(풍기초 33회)는 축구를 통해 동문들이 하나로 뭉치도록 동창회 결성을 주도하였다. 그후 1979년부터 풍기초등 총동창회가 기별축구대회를 시작하여 동문들의 축구에 대한 애정과 동문간 화합의 계기를 만들어 주었다.

1988년 '88 하계올림픽'이 열리던 해에 풍기초등학교 개교 80주년 및 제10회 기별축구대회(1988년 10월 9일)를 제48회가 주관하였다. 당시 기별 회장으로 대회를 준비하던 중 근무하던 읍사무소 은행나무 아래로 나를 불러서 갔더니 100

위. 풍기국민학교 축구부 우승행진
아래. 풍기국민학교 제1회 축구부원(1961년)

만원의 거금 수표를 주면서 잘해보라고 격려해주셨다. 물론 대회 때마다 송아지 1마리는 기증을 해 주어왔으나 그때는 두 마리를 살 수 있는 금액이어서 우승 준우승 각각 소 1두를 상품으로 주었다. (제48회 김인순)

이 동창회의 기별축구대회는 해마다 본교 축구부를 지원하고 응원해 풍기초등 축구부가 전국수준을 넘어 국제적인 실력을 갖춘 축구부로 성장하도록 힘을 보탰다. 이처럼 풍기축구의 역사는 반세기가 훌쩍 넘는 풍기초등 축구부 73년의 이야기가 그 맥을 같이하고 있다.

풍기초등 축구 100년

　풍기축구의 중심이 된 풍기초등은 116년(1908년 개교)의 전통을 가진 학교로 축구 또한 100년의 전통을 가지고 있다. 풍기초등 축구부는 한국전쟁 중인 1951년에 창단됐다. 광복의 기쁨이 채 가시기도 전에 터진 한국전쟁으로 교실도 운동장도 폐허가 된 1951년은 가마니를 깔고 공부를 해야 했던 참혹한 시절이었다. 김호연(풍기초 27회) 교사가 전쟁으로 얼룩진 학생들의 마음을 달래고 삭막한 정서를 어루만져 주기 위해 공을 차기 시작한 것이 축구부의 시초다.

　축구공이 귀한 시절이라 튜부를 넣은 가죽공에 공기를 채운 공을 한 개 구입하여 놀게 한 것이 풍기초등 축구의 시작이었다. 당시 축구에 대한 반응이 좋아 4, 5, 6학년 중 27명을 선발, 연습에 돌입했다. 이해에 영주초등과 첫 공식경기를 가진후 여러차례 경기를 치루었다. 1952~53년에도 영주초등과 몇차례 경기를 가졌다.

　풍기초등 축구부는 1960년대에 들어서면서 김계하의 경제적 뒷받침으로 훈련이 거듭되면서 교내외에서 좋은 성과를 가져왔으며 이때부터 풍기초등 축구부의 전통이 시작되어 오늘날의 명성을 얻게되었다.

　축구부는 1969년엔 영주대표로 도 대회 참가해 준우승을 거두고 1971년에는 제3회 경북초등학교 종합축구대회 준우승, 제7회 도교육감기 우승, 제1회 도축구협회장기 우승 등 9차례를 출전해 7차례 우승하는 등 경북도내 축구 명문학교로 승승장구하며 두각을 나타내기 시작했다.

　1972년에는 김기복이 축구후원회 회장으로 김계하가 총무로 활동하였다. 이해에 스포츠 소년대회 영주군선발대회 우승, 제1회 중부지구축구대회 우승, 제3회 경북축구선수권대회 우승, 제9회 경상북도 교육감기쟁탈초등학교 축구대회 우승하였다.

위로부터 전국소년체전 경북 대표 출전 (대전),
출정식, 도민체전 (1987년)

위로부터 대구소년체전 출정, 대구소년체전 우승,
도교육감기 우승 (1972~1974년)

당시 도교육감기 3연패라는 위업을 달성하여 우승기를 영원히 학교에 보관하게 되었다. 이에 풍기역에서 환영의 꽃다발도 받고 축구부 주무인 최종근 교사의 대회 상황보고와 아울러 안진영 학교장의 답사는 물론 풍기면 체육회장의 치사와 더불어 자동차에 분승하여 풍기고등학교 학생들의 밴드를 앞세우고 풍기 시내를 시가행진을 하기도하였다. 이는 전 면민의 힘이자 자랑이 아닐수 없는 대사건이었다. 『풍기초등백년사』

교육감기 우승하고 기차안에서 빨간 마후라 노래부르고 올라왔다. 우승하고 오면 남원다리에서 부터 꽃다발 받고 퍼레이드하고 오는 것이 다반사였다. 【장두용】

1973년에는 제2회 경북 스포츠 소년대회 우승, 1974년에는 제5회 경북 북부지구 친선축구대회 우승, 1979년에는 제2회 영주군교육장기쟁탈 축구대회 우승하는 쾌거를 이루었다. 이후 풍기초 축구단은 1980~90년대 후반까지 경북도내는 물론 전국 축구대회에서 우승을 차지함으로써 축구 명문초등학교로 입지를 확고히 하게 된다. 1980년대에는 경북소년체전대비 교기평가전 1위를 시작으로 1981년에는 제10회 영주시소년체육대회(축구), 1982년에는 제13회 경북축구협회장기쟁탈초중고 축구대회, 1989년 제2회 안동문화방송배쟁탈 축구대회, 1998년에는 키카배 경북 예선대회 등에서 우승을 차지하였다.

2000년에도 경북소년체육대회(축구), 제31회 협회경북소년체육대회(축구) 장기타기 도내 축구대회, 2001년에는 경북소년체육대회(축구), 2002년에는 경북소년체육대회(축구), 제24회 교육감기초중고축구대회, 2003년에는 제34회 경북축구협회장기 축구대회, 2005년에는 제8회 대한축구협회장기 7대7 전국유소년축구대회(5학년), 2006년에는 제28회 교육감기초중고 축구대회, 제3회 한중일 국제축구대회에서 우승을 차지하는 등 수많은 축구대회에서 우승을 차지함으로 현재 경북도내 소년축구 최강자로 인정받고 있다.

위로부터 영풍조기회 창단식 인사,
직장배 대회 우승, 한전배 우승

풍기초등 축구후원회 결성

풍기초등 축구부의 성장은 김계하가 축구부후원회장(1971~1975)을 맡고 나면서부터다. 당시 풍기초등 축구부는 어려운 여건 속에서도 점차 축구에 대한 열기가 고조되고 교내 학반 대항 등의 활성화로 꾸준히 성장하여 오던 중 그의 축구에 대한 남다른 열정이 더해져 기초를 탄탄히 할 수 있었다.

그가 후원회장을 맡은후 풍기 축구부를 물심양면으로 뒷받침 해준 결과 풍기초등축구는 1970년대~90년대를 넘어 2000년대에도 크고 작은 각종 대회에서 좋은 성과를 거두어 명실공히 경상북도에서 풍기초등 축구부의 전통을 세웠을 뿐만 아니라 한, 중, 일 국제무대에서까지 명성을 얻게 하는 밑거름이 되었다.

그후 침체되었던 풍기 축구의 열기가 경상북도에서 뿐만 아니라 전국대회에서도 상위에 입상을 하는 등 좋은 결과를 거두게 되자 풍기의 축구인들이 다시 모이기 시작했다. 풍기 축구를 걱정하면서 해체되었던 후원회의 재조직 필요성을 논하기 시작하였다.

김계하, 배승환, 채한승, 강신태, 길외태, 최복조, 석운룡, 김창진, 정치권, 안익근, 정준모, 김충례 등 약 50여명이 지금의 농협지소 앞 88식당 자리에 모여 채한승(풍기초 47회)을 후원회 회장으로 추대하여 축구후원회를 결성하게 되었다.

이에 안내장을 전국 각지에 축구에 관심 있는 축구인들에게 모두 보내어 후원회가 결성되었다는 사실을 알리기도 하였다. 이로 인하여 서울지구 동향인들의 후원금을 받아오기도 하고 고향에서도 뜻이 있었던 축구인들 배청옥, 김경곤 등이 후원금을 모아 축구발전에 기여하였다.

이 당시의 학교장은 문태호, 장병각 등이 역임하였으며, 축구감독으로 장두용(풍기초 64회)이 맡았었고, 후원회 사무국장에는 김진회(풍기초 58회)였다. 김진회는 풍기초등 축구후원회를 다음과 같이 회고한다.

풍기축구의 역사는 아주 오래 전부터 시작이 되었다. 김호연, 김계하 선배님들부터 시작된 축구가 지금 까지 명맥을 이어오고 있으며 그 간에 축구를 하다가 중단되다가를 반복하여 지나온 것 같다.

그러다가 석운룡이 풍기 오거리에 오륜체육사를 개업하던 무렵 풍기초등학교에서 장두용(64회 동문)이 정대훈 당시 5학년(전 올림픽대표)부터 축구를 지도하고 있었으며, 가끔씩 운동장에서 생활하였는데 자세한 동기는 기억에 없으나 장두용 코치가 공석이 되어 석운룡이 뒤를 이어 지도하던 중 채한승(47회 동문)이 회장직 1989년부터 제가 사무국장으로 4년간 후원회를 운영하면서 매년 회원 1인당 10만원씩 모금하여 천 만원 정도의 후원을 했던 것으로 기억된다.

이 당시 참여했던 회원을 생각해 보면 채한승, 김계하, 김광수, 윤재풍, 장석진, 정준모, 장석화, 이상백, 정휘만 등 더 많은 지역 선후배들이 참여했으며, 석운룡 코치가 얼마간 지도하다가 다시 장두용 코치에게 직을 넘겨서 축구부를 운영해 오던 중 정확히는 알 수 없으나 축구후원회가 해체 위기 상태가 되자 장두용 코치가 떠나고, 공석 중이였던 자리를 잠시 전병인 코치가 지도하다가 그 역시 그만두면서 축구후원회 및 풍기초등학교 축구부가 침체기를 맞이하게 되었다.

이렇게 되자, 오거리에서 크라운베이커리을 운영할 때 친구들과 모여 있는 자리에서 풍기초등학교 축구부의 현실을 이야기 하면서 다시 한번 후원회의 활성화를 주문하였는데 적어도 4년 정도 석운룡이 코치를 하여 초등학생들이 대학교 입학 때 까지는 누가 뭐라 해도 코치직을 고수하는 조건으로 2차 축구후원회를 결성하여 운영 중 또 다시 끝까지 못 하고 코치를 후배에게 넘겨줘서 그만두고 송세영 회장, 오칠성 사무국장, 이창구, 전풍림, 박무진, 장진수, 이영섭, 이상백, 장민호, 장윤영 등 풍기축구 발전의 활성화를 위해 함께 노력할것에 호응하여 축구후원회를 재결성하게 되었다.

석운룡이 풍기중 축구 코치를 시작하면서 당시 김창언 도의원을 통하여 1987년 축구부 숙소 준공 및 축구코치 수당까지 확보하여 후원회 및 학부모의 부담을 줄이면서 새로운 국면을 맞이하여 오늘날까지 전통을 이어오게 하였다.

위. 제8회 7대7 전국유소년 축구대회 우승 행사의 밤
아래. 전국 7대7 유소년 축구대회 풍기초등 준우승 축하의 밤

풍기축구의 밑거름이 된 축구 사랑

풍기축구는 일제강점기를 거쳐 8.15광복과 한국전쟁을 겪은후 축구화 하나 제대로 신지 못하고 모두가 배고프고 살기 어려웠던 1960년대 후반부터 20여년간 축구사랑에 헌신적이고 적극적인 지원이 발전을 거듭해 올 수 있었다.

풍기처럼 소도시에 초, 중, 고 축구부가 조직되어 운영되고 있다는 사실은 흔치 않은 일이다. 특히 이런 여건속에서 풍기초등을 중심으로 한 풍기지역의 축구가 프로선수와 많은 축구인들을 배출시키고 도단위 대회는 물론 전국대회까지 석권할 정도의 실력을 갖출 수 있었던 것은 풍기 사람들의 축구에 대한 이해와 적극적인 지지가 있었기 때문이다.

풍기 사람들의 적극적인 지원과 후원은 풍기가 '축구의 고장'이라는 명성을 얻게하였다. 그 '축구의 고장' 풍기의 명성에는 김계하의 헌신적이고 적극적인 그리고 지속적인 지원이 있었기 때문에 가능하였다. 그는 풍기 축구발전이 곧 지역화합과 지역발전이라는 생각을 가지고 풍기지역 초중고 축구부를 전폭 지원하여 풍기 축구발전을 이끌었다.

그는 1960년~90년대 초까지 풍기지역 초중고 축구부를 전폭 지원해 지역의 화합을 이루고 또한 축구를 통해 지역발전을 이루고자 노력하였다. 이런 연유로 풍기 축구를 얘기할때 그를 떠올리지 않을 수 없다.

그는 평생 풍기축구의 든든한 버팀목이자 토대의 역할을 충실히 해냈다. 당시 교육계나 행정의 지원이 전무한 상황 속에서 축구 꿈나무들이 무럭무럭 자라도록 밑거름 역할을 한 것이다.

특히 그는 풍기초등 축구후원회장을 맡아 본격적인 활동을 시작하는데 교통비, 식대, 숙박비 등 대회 경비는 물론 유니폼, 축구화 지급, 지도 교사 월급 지급, 전지훈련경비 지원(제천, 충주, 황지, 영덕 등) 및 삼풍농원 버스 지원, 훈련시 간식 및 영양식 등 축구부에 대한 전폭적 지원은 이루 헤아릴 수 없을 만큼 많았으며 풍기 축구와 축구인들은 다 가슴에 안고 살았다.

당시는 교육기관으로부터 예산지원이 없어 훈련이나 경기에 출전 할때마다 도움을 받았다. 당시 아버지가 사거리에서 식육점을 운영했는데 김 조합장(김계하)님이 고기국을 먹여서 시합을 가도록 했다. 신발도 대부분 고무신을 신던 시절이었는데 시합전 일주일 전에 축구화는 아니지만 운동화를 사줬고 유니폼도 귀하던 시절이었는데 유니폼과 트레이닝복 등을 지원받은 것으로 기억한다.【박무진(70년 초반 가장 전성기일 때 초등 선수로 활동. 명인삼사 대표)】

초등시절에 축구부에 들어가면 옥수수빵을 하나 더 주고 짜장면을 사준다는 사실 때문에 축구부에 들어가려는 학생들이 줄을 섰었다. 73~74년은 배고팠던 시절이었기 때문에 매일 식당에서 끼니를 해결한 것이 가장 기억에 남는다. 고등학교때 경북체전과 경북대표 출전할 때 경북협회에 훈련비를 지원해주셨다. 80년대에는 당시 영남대축구단의 전지훈련을 훈련경비와 인삼을 지원해가면서 풍기고등학교로 유치한 적이 있다. 아끼던 어린선수들을 영남대에 특기 장학생으로 보내기 위한 나름대로의 배려였다. 길을 가다 안아주던 아버지의 인자함이 있고 정신적으로는 아버지나 다름없었다.【전철건(70년대 중반부터 초중고 시절 모두 축구선수로 활동. 애닉스총판)】

동부초등 방과후 교실 축구 강사와 영주시여성축구단 감독을 맡았던 장두용은 김계하와 특별한 인연을 갖고 있다. 학창시절 선수생활을 했던 그는 1983년 울산 현대 자동차 실업팀 소속으로 있다가 잠시 군 문제로 풍기에 들렀다가 어린 후배들의 지도자 길을 걷게 됐기 때문이다.

조합장님 한테 인사를 드리러 갔다가 '니 인생 내가 책임진다.'라고 하시면서 그 길로 풍기초 교장실로 이끌려 갔는데 그때부터 축구 지도자를 맡아 초등 10년 중학교 3년 등 모두 13년을 활동했다. 월급도 김 옹(김계하)이 지급했는데 당시 돈으로 20만원 가량이었다. 조합장님이 없었으면 지금까지 축구 지도자의 길로 연결되지 않았을 것. 월급이 적다고 생각했는지 자신의 인삼밭 야간경비를 통해 돈을 더 벌수 있도록 배려해 주기도 했다. "내가 잘못한 것이 내가 몰락하고 나니 병균이 끝까지 지켜주지 못한 것이 볼면목이 없다."면서 눈물을 보이셨다. 아직도 가슴속에 여한으로 남아 있다.【장두용】

동양대 김종환 코치도 축구를 시작하고 지도자의 길을 걸을 수 있었던 것은 오롯이 그와의 인연때문이라고 회고하며 그 은혜를 잊을 수가 없다고 한다.

　　1980년 초등 5학년때 조합장(김계하) 처음 만났다. 끊어졌던 풍기초등 축구부를 재창단하고 그때 후원회 회장으로 시합경비 등 모든 부분을 다 책임지셨다. 초등학교 축구부의 8명의 중학교 입학금 전액을 장학금으로 보내주셨는데 풍기중학교 2학년때까지 계속되었다. 유니폼과 운동화 등도 사주셨다. 조합장 덕분에 축구와 인연을 맺을 수 있었다. 운동후에 조합장이 용궁식당에서 많이 사주셨고 여름 훈련시에는 삼계탕 등을 많이 사주셨다. 새 창단후에는 선수들에게 신경을 많이 써 주셨다. 시합마치면 용궁식당에서 곱창과 돼지고기, 소고기 등과 31번짜 장면집에서 늘 밥을 사주시곤 하셨다. 또 여름이면 잘먹어야 된다고 하시면서 풍기 제1교 다리밑에 가마솥을 걸어 놓고 삼계탕을 끓여주곤 하셨다.【김종환】

김계하의 풍기 축구에 대한 헌신적인 지원은 안타깝게도 부도가 나기 전인 1993년까지 이어졌다. 그의 이같은 헌신이 풍기 지역사회에 알려지면서 끊어졌던 풍기초등 축구부 후원회가 다시 조직되어 축구부 버스도 마련되는가 하면 총동창회와 지역인사 그리고 재경 동문들의 많은 관심으로 이어졌다.

　각계의 성원에 힘입어 한중일 국제 유소년 축구대회에 우승을 차지하는가 하

위. 제10회 기별축구대회
아래. 풍기초등 총동창회

면 한일 교류전도 가지는 등 활발한 활동으로 이어진다. 또한 2004년 제7회 전국 유소년 축구대회 준우승에 이어 2005년 제8회 대한축구협회회장기 유소년 축구대회에서 우승을 차지하는 쾌거를 이룬다. 반세기 만에 전국을 제패한 것이다.

축구는 풍기의 자랑

 1979년 풍기초등 축구팀이 경북도대항에서 우승을 하고 전국대회에 참가할 때였다. 당시 영주교육장이 지원할 예산 때문에 대회에서 졌으면 좋았을 텐데 서울까지 가는 것을 걱정했다고 한다.
 이런 사정을 알고 당시 풍기초등 총동창회장을 맡고 있던 김계하는 축구공과 유니폼, 숙박비 등 선수단의 모든 경비를 내 놓았다.
 이후에도 축구단에 대한 지원이 계속됐다. 또 그는 풍기 축구를 살리기 위하여 유능한 축구 지도자들을 풍기 지역으로 데리고 오면서 축구발전에 앞장섰다.

> 도담초등(당시 충북 초등 대표)과 연습게임 갔다가 당시 도담초등 김문성 코치를 영주로 데리고 왔고 조합장(김계하)이 풍기축구를 살리기 위해서 서울에서 이상훈 풍기고 감독을 모시고 왔다. 【김종환 동양대 코치】

 그뿐만이 아니었다. 자신의 농장에서 운행하던 버스를 일주일 동안 전지훈련용으로 보내줄 정도였다. 대략 어림잡아 지금 돈으로 환산하면 연간 1억원에 이를 것이라고 했다. 그의 축구부 지원은 어린시절 선수들에게 배고픔을 해결할 수 있는 유일한 방법이기도 했다.

> 고등학교 축구부도 조합장이 이상훈 선생을 데려오면서 시작되었다. 조합장의 후원으로 전국대회에 참가할수 있었는데 조합장이 없었다면 엄두도 못낼 일이었습니다. 특히 포항대회때는 한홍기 전 국가대표 감독이 포항지역축구를 총괄할 때 이동국 선수 등이 포항초등 선수로 있을 때 풍기초등이 8-0으로 이기는 쾌거를 이루었다. 아마 포철 역사에 처음이었다고 한다. 초중고 축구 시합전에 잘먹어야 한다. 시합후에는 서부식당에서 불고기를 사주셨다. 지도자 생활중 부산, 대

구, 마산 등 전지훈련을 할 때 기사, 버스, 숙식 경비등 모든 경비를 부담했다. 고등부도 마찬가지였으며 지금으로 말하면 구단주로 보면 된다. 전국 읍단위 중 초중고에서 모두 축구부를 운영하는 곳은 드물다. 풍기축구가 한국축구의 중심이 된 데에는 김 옹(김계하)의 헌신과 지원이 뒷받침 됐음을 우리 모두 기억해야 한다. 【장두용】

풍기축구가 배출한 인물들

김계하의 심적 물적 지원을 먹고 자란 풍기축구는 꽃을 활짝 피워 프로선수 진출이나 해외진출 등 많은 축구 인재가 배출되었다. 풍기초등을 졸업한 전재복은 수원 삼성의 주전으로 활동했으며 김종환은 해외선수 에이전트(태국)로 활동하고 있다. 엄영식은 전남드래곤즈, 송인하와 김흥태는 신한은행에서 선수로 활동했으며 최용덕(삼육대 교수)은 연예인 축구단 감독을 맡아 활동하고 있다.

90년대 풍기초 졸업생들의 이력은 선배들보다 더 화려하다. 현재 풍기초 축구부의 지도자로 활동하고 있는 정대훈 선수는 99년도 올림픽 국가 대표(포항 스틸러스)로 활동한 실력파다. 1992년 풍기초를 졸업한 김두영은 대한민국 청소년 대표에 선발돼 활동했으며 2001년 풍기초를 졸업한 김정훈은 독일에서 유학하며 배운 축구실력으로 국내 프로구단에서 활약하다가 독일로 갔다.

또 풍기초 96회 동기생인 김우홍과 김영규는 스페인으로 축구유학을 다녀온 케이스. 이들은 스페인 1부 리그 알메리아에 동시에 입단하기도 했고 특히 김우홍 선수는 스페인 레알 마드리드 유소년 유니폼을 입어 화제가 됐다. 2011년에는 U-16세 축구 국가대표로 선발되기도 했다.

대한광복단기념사업의 초석을 놓다

운명처럼 찾아온 대한광복단

대한광복단(大韓光復團)은 1913년 풍기에서 결성된 국내 최초 무장투쟁방식의 독립운동을 전개한 비밀결사단체로 공화정을 주창하고 항일투쟁을 전개한 단체이다. 하지만 광복과 한국전쟁 뒤 풍기에서 대한광복단이라는 존재는 잊혀져 일부 노인들의 기억과 구전(口傳)으로만 전승됐고 유적에 기념할만한 표석(標石)조차 세우지 못하고 있었다.

김계하가 대한광복단에 오래도록 매달린 것은 항일 운동과 선각자적 삶을 지향했던 집안의 내력때문이다. 아버지 김영기는 1926년 연희전문 1학년 재학 중 그해 6월 10일 순종(純宗)의 국장일(國葬日)에 벌어진 6.10 학생 만세 사건에 연류되어 옥고를 치룬 인물이다.

이런 아버지의 영향을 받은 김계하에게 우리나라 독립운동사에 빛나는 대한광복단의 고향이자 독립운동의 발상지인 풍기에 그들의 숭고한 자취를 기릴만한 표석하나 설치하지 못하고 있다는 것은 죄스러움이자 부끄러움이었다.

김계하가 대한광복단이 풍기에서 결성됐다는 사실을 알게된 것은 풍기중학교 교장으로 재직중이던 임영백 교장으로부터다. 임 교장은 봉현 출신 대한광복단 단원 임세규(林世圭 1880~1921) 지사의 후손이다.

또 봉현의 현덕현에게도 듣고 1978년 다시 풍기읍 오거리 반원오(풍기 태평당 시계점 운영)가 역사소설인 『조선총독부(朝鮮總督府)』(저자 유주현)에 기록된 내용을 보여 주며 역사적 사실이었음을 확신했다.

그리고 나서 김계하는 풍기대한 광복단의 내용을 기록에 남기기 위하여 사재를 들여 비석돌을 사서 보관하였다.

김계하는 "어릴 때부터 풍기가 3.1운동의 성지(聖地) 중 하나인데 잘 알려져 있지 않아 안타까웠다"며 "아는 지인이 국립묘지에 묻힐 때 자료를 찾아보니 광복단 얘기가 나온다. 또 자료를 찾아보니 만주 독립군에게 자금을 지원해준 곳이 광복단이었다"며 처음 호기심을 갖고 자료를 찾던 60년대 후반을 회상했다. 【영주시민신문 기사】

내가 소설 『조선총독부(朝鮮總督府)』 책을 보다가 풍기대한광복단 활동을 접하게 되었는데 이를 김계하 조합장에게 알렸는데 그때 조합장님이 나도 몰랐다고 하면서 풍기 대한광복단을 알려야겠다고 하셨다. 그리고 광복동산을 조성하고 광복단비(光復團碑)의 건립을 위해 부지를 매입하는데 노력하여 풍기가 대한광복단의 고장임을 알리고자 노력하였다. 애향심의 발로였다. 또 사재(私財)를 들여 비석을 사서 보관하고 풍기읍발전협의회에서 모임을 가졌다. 내가 당시 광복단 관련 내용을 조합장에게 알려준 것은 다른 사람은 이것을 추진할 만한 사람이 없다고 생각하였기 때문이다. 애향심이 정말 남다른 분이다. 풍기 일에는 늘 주저함이 없는 분이셨다. 【반원오】

대한광복단 자료수집과 공론화

　김계하는 1980년부터 본격적으로 자료수집에 착수하여, 당시 풍기초등 교사였던 김호연 선생에게 30만원의 경비를 지원해 부산의 국립 문서보관소로 보내 광복단 관련 판결문(判決文) 등 자료를 수집하도록 도움을 요청하기도 했다. 그리고 연세대 교수, 소설『조선총독부』의 작가 유주현 씨 등을 만나는 등 역사적 사실 확인과 자문을 받는 등 자료 수집에 노력했다.
　또 대한광복단기념 사업에 대한 고견을 듣기 위해 1979년 한국문화예술진흥원장을 지냈던 송지영(宋志英) 선생을 찾아갔지만 선생은 "지금하지 말고 좀 더 자료도 보완하고 많은 사람들이 뜻을 같이 할 수 있는 분위기가 조성된 후에 시행할 것"을 조언했다고 한다. 송 선생은 당시 천안삼거리공원에 연필모양의 대한광복단(충청도지역) 관련 비석을 힘 있는 자들이 철거하려고 하는 시대적 사항을 고려했기 때문인 것으로 보인다. 송 선생은 이후 대한광복단의 정신을 표현한 송가(頌歌)를 직접 지어주었는데 대한광복단기념비 하단에 새겼다.

송가(頌歌)

　가슴속 응어리진
　나라잃은 그 설움
　서릿발 숨긴 칼날
　밤낮으로 갈고 닦아
　적의 가슴을 겨누어
　일어서신 그 날들

　임들 가슴마다

피눈물로 맺힌 원한
어이 잊었다랴
잠신들 잊었으랴
잠든겨레 일깨워
깃발 날린 이 고장

세월 묵을수록
더 우뚝한 모습
가슴에 아로새겨
별처럼 빛나리라
조국의 산하와 함께
자랑스런 그 역사

그해 12월 뜻을 같이하는 지역의 젊은이들이 김계하의 뜻을 알고 각종 자료와 준비된 석물 전체를 아무런 조건 없이 인계받아 지역사회에 공론화되기 시작했다. 당시 공론화에 앞장섰던 매체는 4년여간 풍기지역에서 발행된 계간 「한여울지」란 잡지로 '풍기의 맥을 잇자', '대한광복단의 고향 풍기(12호 1993년)', '광복단 약사(14호 1994년)' 등의 기고글이 실려 있다.

오전 김계하(金桂河) 씨 내방. 현직 풍기인삼조합장(豊基人蔘組合長)이며, 이번 지방자치제 선거에서 도의회 의원으로 선출되기도한 씨(氏)는 향토개발에 남다른 뜻을 지닌 분으로, 연전엔 사재(私財)로 막소(莫少)한 물력을 들여, 이곳 풍기에서 결성된 독립운동 단체로, 조국 광복사에 큰 빛을 드리운 광복단기념비, 그리고, 이곳 3 1운동 기념비를 조성해놓고, 힘이 못 미쳐 건립을 못한 채 있는데, 그 일은 지방사회에서 부담해야. 【『유계일기』 2권 1991년 8월 3일 송지향】

젊은 시절 조합장님이 술자리에서 대한광복단을 만들어야 한다고 걱정하던 일이 생각난다. 그때 그 열정이 없었으면 현재의 광복단 기념공원은 존재하지 않았을 것입니다.【김정묵(전 초등교사)】

대한광복단기념사업회의 결성

이렇게 김계하에 의해 시작된 기념사업은 1993년 뜻있는 인사 10여 명이 모여 사업추진을 결의했고 이듬해 추진위원회가 결성됐다. 같은 해 제1차 운영위원회에서는 사업규모를 확대해 기념비뿐 아니라 광복동산을 만들고 이를 성역화(聖域化)하자고 결의했다.

그후 김계하는 1995년 광복단기념비를 세우기 위하여 당시 경북도의회 기획위원장이던 전동호 도의원과 논의하여 풍기에 공원자리를 몰색하였다. 하지만 자료부족으로 어려움을 겪자 송지향(宋志香) 선생의 도움을 받아 자료를 수합하여 국도비 및 마사회 기부금으로 공원부지를 매입하였다.

김계하 조합장이 독립기념관에 갔더니 광복단의 채기중 선생 밑에 '풍기'라는 것을 보고 광복단 비석(碑石)을 장만해 두고 이것을 풍기에 세워야 한다고 했다. 당시 내가 도의회 기획위원장이었는데 도에서는 역사적 근거 없이는 안된다고 하자 당시 풍기읍장 김제탁, 송지향 선생, 김계하가 만나 역사적 근거를 찾아야한다고 논의했다. 이에 송지향 선생이 2달정도 자료를 수집하여 도에 제출하여 도비로 정진탁 씨 과수원을 매입하였다.【전동호 전 도의회의장】

그리고 각계각층에서 계속 기부금도 답지됐다. 1995년 11월 17일에 대한광복단 기념비 제막식을 거행했고, 1996년 6월 대한광복단기념사업회가 창립, 한신

장학재단 권기호 이사장께서 송지향 선생님에게 매년 스승의날 식사를 대접하는 자리에서 본 사업의 주민 성금 모금의 설명을 듣고 1억이라는 거금의 성금을 기탁하는 결정적인 도움으로 8월 15일 광복탑 제막식을 하였다. 또한 어려운 과정을 거쳐 2000년 1월 대한광복단기념관을 준공했다. 그후 각종 기념탑과 추모비(追慕碑), 연못 등을 만들어 광복공원을 성역화하여 오늘에 이르고 있다.

대한광복단 기념공원이 풍기에 건립될 수 있었던 것은 김계하의 노력을 바탕으로 풍기사람들의 애향심과 풍기라는 남다른 정체성이 가져다 준 선물이었다. 아울러 독립운동에 대한 깊은 이해와 자긍심의 발현이 있었다. 그러한 자긍심이 김계하라는 풍기인을 낳게 했으며, 그의 간절한 염원이 잠자고 있던 풍기사람들을 일깨워 대한광복단기념공원을 만들게 했다.

광복공원의 조성도 일반적인 선양사업들이 기념사업회를 먼저 만들고 정치권의 도움을 받아 기념관이나 기념물을 만드는데 비해 풍기는 주민 스스로 기념비 건립추진위원회를 만들고 학술대회를 열어 객관성을 확보한 뒤 기념사업회를 만들어 성역화사업을 추진하는 과정을 거쳤다. 실시설계 후에도 학계의 도움을 받고 몇 차례 내용을 검토하는 노력을 아끼지 않았다.

약사비(略史碑)의 건립

1913년 결성된 풍기의 대한광복단은 단지 1915년 대구 대한광복회의 선행조직 정도의 미미한 자료만 남아 있을 정도였다. 그러나 김계하는 광복단원인 채기중(蔡基中, 1873~1921), 유장렬(柳漳烈, 1878~1966) 등의 판결문(判決文) 기록과 대학도서관 등 수많은 곳에서 수집한 자료를 풍기초 송종섭 교사에게 정리를 부탁해 대한광복단의 약사(略史)를 작성케 했다. 이 약사비(略史碑)는 광복공원에 설치되었다가 지금은 철거되었다.

김계하는 1980년부터 정리한 자료를 근거로 1984년 당시 2천만원 상당의 석물 2개[약사비(略史碑)와 대한광복단기념비의 돌]를 구입해 마련했지만 1993년 자신의 사업이 부도가 나면서 가세가 기우는 바람에 세우지는 못했다.

그후 대한광복단 관련 여러 의견들과 제언들을 잡지「한여울지」에 실어 지역사회의 공감대를 형성해 1994년 8월 그 뜻이 지역에서 받아들여져 대한광복단기념비추진위원회(회장 송지향)을 결성해 본격적으로 사업이 시작되었다. 다음 해인 1995년 11월 17일 약사비(略史碑)와 대한광복단기념비를 건립하였다.

> 전문학자가 아닌 김 옹과 몇몇 교사가 작성한 약사가 대한광복단 기념공원에 세워져 있으며 그 내용 또한 후세의 연구자료가 되고 있어 실로 엄청난 일을 해내신 것이다.【김진회 전 대한광복단기념사업회 사무국장】

> 1995년 11월 17일 대한광복단 약사비(略史碑) 제막식(除幕式) 때 처음 왔다가 김 옹을 만났는데 전문가도 잘 알지 못하는 일을 일반인이 자료수집에 나서는 등 열정이 대단했던 것으로 기억하고 있다.【대한광복단기념사업회 유족회 홍의찬 회장】

풍기 광복공원에는 현재 우리나라 독립운동의 성지로 전국의 많은 사람들이 찾아오고 있지만 이 시설이 어떤 과정을 통해 탄생했는지에 대해 아는 사람은 그리많지 않다. 김계하는 대한광복단을 최초로 조사해 지역사회에 공론화하고 기념공원이 들어서기까지 꾸준히 노력하였다. 광복공원은 '김계하' 한 사람의 애향심과 끝없는 열정이 만들어낸 결과물이었다. 김계하 선생의 정신이 광복공원에 함께해야 비로소 공원이 완성된다고 할 수 있다.

대한광복단 기념비, 약사비, 영주독립운동기념비

풍기는 한국독립운동 3대성지로 3.1운동 당시 하루 태극기를 1백장씩 그리던 황순목이 중국으로 가는 바람에 자료가 없어 독립유공자 지정을 못 받았다. 내 사업이 파산만 되지 않았더라도 자비를 들여서라도 풍기에 3.1운동 정신을 기릴 수 있는 '독립운동의 거리'를 만들고 싶었는데……【김계하】

【약사비(略史碑)】

광복단 약사(略史)

광복단은 우리나라가 일제에 의해 강제로 병합된 뒤, 독립을 위한 혁명전사를 양성하고, 무력으로 국권회복을 이룰 목적으로 전국 각지에서 모인 의병 출신 지사들을 주축으로 풍기에서 만들어진 독립운동단체이다.

1913년 3월 풍기서부 한림 촌에 사는 채기중을 중심으로 류장열(고창), 한훈, 김병열(청양), 김상옥(서울), 정운기(괴산), 장두환, 유창순, 조종철, 류중협(천안),

정만교, 황상규, 문봉래, 채경문(풍기), 강순필(봉화), 정진화(예천), 성문영(아산), 이수택, 손기찬(칠곡) 등이 국권회복을 위하여 무장비밀결사인 풍기광복단을 조직하여 활동하다가 1925년 대구의 박상진을 중심으로 활약하던 조선국권회복단과 발전적으로 통합한 후 대한광복회로 조직을 확대하고,

"우리는 대한의 국권을 회복하기 위하여 죽음으로써 원수 일본을 완전히 몰아내기로 천지신명에게 맹세한다."라는 선언문을 작성 피로써 맹세하고, 다음과 같은 실천 방안을 세워 활동하였다.

1) 부호의 의연금 및 일인이 불법 징수한 세금을 압수하여 무장을 준비하고,
2) 남북만주에 군관학교를 세워 독립전사를 양성하며,
3) 종래의 의병 및 해산군인 만주 이주동포를 소집하여 훈련하고,
4) 중국 러시아 등 여러나라를 통하여 무기를 구입하며,
5) 본부를 상덕태상회에, 한,만 각 요지와 북경 상해 등에 그 지부를(여관 곡물상. 광무소등) 두어 연락기관으로 하며,
6) 일인고관 및 부일반역자를 수시로 처단하는 행형부를 두며,
7) 무력이 완비되는 대로 일인섬멸전을 단행하여 최후의 목적 완성을 기한다.

대한광복회는 그 조직을 군대식으로 편성하여 박상진이 국내의 총사령이 되고, 이석대가 부사령으로 만주지방을 담당하였는데, 이석대가 순국하자, 김좌진이 부사령으로 활동하였다. 1916년 7월 의병장 허위의 선봉장이었던 권백초(상석)를 밀파하여 경상도관찰사를 지낸 칠곡의 친일부호 장승원을 응징 사살하려다 실패하고, 8월에 정운일, 김진만, 김홍두, 최병규, 김진우 등도 대구 부호 서우순에게 군자금을 모금하려다 실패하여 일경에 체포되었다. (이를 광복단의 대구

권총사건이라 함)

1916년 노백린, 김좌진, 신대현, 윤홍중, 신두현, 윤치성, 박성태, 김정호, 권태진, 임병한, 윤영중, 기명섭, 이현 등 유명한 투사들이 참가하면서 조직을 재정비하여 대한광복단으로 개칭하였다.

1917년 기호. 호남. 관동. 관서지방의 애국지사 장두환, 최만식, 김재창, 김경태, 황학성, 김상준, 이재덕, 정태복, 성달영, 강석주, 조종철, 정우풍, 김원묵, 김재철, 김재풍, 김동호 등이 참가하여 명실공히 거국적인 독립운동단체로 자리하면서 회원이 수백명에 이르게 되었다.

박상진, 김한종, 채기중, 우재룡, 김좌진 등 간부들은 서울 남대문 밖 어재하의 남일 여관에 모여 본격적인 투쟁방안을 협의하여, 노백린은 상해로 김좌진, 박성태는 만주로 박상진, 채기중은 영남지방 장두환, 김한종 등은 기호지방 이관구는 황해지방 김홍두, 한훈은 호남지방, 조현균은 평안지방을 당하여 각 지방의 부호들을 조사한 후 격고문을 보내어 의연금을 권유하는 동시에 일제가 징수한 세금을 압수하여 무기구입을 하기로 하였으며, 서울은 어재하, 인천은 이재덕, 대구는 박상진, 경주는 최준, 괴산 엄두견, 영주은 권영목, 풍기는 채기중, 박제선을 연락책으로 임명하여 활동하였다.

1917년 11월 채기중, 임세규, 유창순, 강순필 등은 칠곡 친일부호 장승원을 처단한후 "일유광복(日維光復), 천인시부(天人是符), 성차대죄(聲此大罪), 계아동포(戒我同胞), 성계인(聲戒人), 광복단"이라는 격고문을 붙여 광복회가 만천하에 알려지게 되었고 1917년 12월 26일에는 우재룡, 권영만 등이 경주 광명리 앞 길에서 대구로 수송 중이던 경주 영일 영덕군에서 강제로 거둔 세금 팔천칠백원을 빼앗아 군자금으로 충당하기도 하였으며 1918년 1월 24일 우재룡이 전달한 권총으로 김한종, 장두환, 임세규,김경태 등은 충남 아산군 도고면장 박용하에게 사형 선고문을 제시하고 처단함으로써 일제의 간담을 서늘하게 하였으며 한훈의 지휘로 유장열, 곽경열, 이병하 등은 전남 보성군 득량면 박곡리의 양재학을 처단하고 유장열, 이병온 등은 보성군 벌교읍의 악질부호 서도현등 악질반역자들을 처단하여 대한광복회의 활동이 만천하에 드러나자

일제는 헌병과 경찰을 총동원하여 수사망을 펴고 거액의 정보비를 뿌리며 혈안이 되었는데 1917년 12월에 천안의 이종국이 천안경찰서에 밀고하여 마침내 광복회의 조직이 발각되고 우편물검열로 1918년 본 김한종, 박상진, 채기중, 임세규, 강순필, 김경태, 장두환, 이병온, 장남칠 등이 일경에 체포되었으며 1920년 심영택, 소진형의 주비단과 합류한 우재룡, 권영만과 김상옥의 암살단과 합류한 한훈이 활동 중 피검됨으로써 풍기광복단의 중심인물들이 모두 체포 구금되었다.

일경에 체포된 400여명은 가혹한 고문을 받았으며 1920년 8월 박상진, 김한종은 대구에서 채기중, 김경태, 임세규는 서울에서 처형순국하였고 장두환은 서울 마포형무소에서 혹독한 고문으로 순국하였다. 이 무렵에 체포 구금된 광복단원은 다음과 같다. 명단생략(85명) 등이다.

대한광복회는 국내 및 만주지역에까지 조직망을 갖고 있었을 뿐만 아니라 1919년 3.1운동과 1920년대의 독립운동에도 커다란 영향을 준 단체로서 많은 단원들이 구금되고 순국하였거나 해외로 망명을 하자 일시적으로 활동이 위축된 듯 보였으나 남은 단원들은 한훈을 중심으로 다시 뭉쳐 항일투쟁을 계속하였다.

일제의 간담을 서늘케 하면서 우리의 독립의지를 드높인 광복단이 이 고장 풍기에서 조직되고 풍기를 중심으로 활발하게 활동하였다는 역사적 사실을 우리는 가슴 뿌듯한 긍지로 간직하면서 선열들의 거룩하고 고귀한 뜻이 길이 후손에 이어지기를 바라는 마음으로 이 돌에 새긴다.

1995년 8월 15일 김계하 모으고 송종섭 지음

【대한광복단기념비】

사람은 양심의 힘으로 살아가고 사회는 정의의 길따라 발전한다. 여기 양백의 줄기가 만들어낸 풍기벌판에 그 양심과 정의의 기록이 우뚝하니 멀리는 의상과 안향과 금성대군의 행적부터 가깝게는 이 고장의 애국지사가 참여한 독립운동에 이르기까지 혁혁한 사적이 청사에 아로새겨져 있다. 그 가운데에서 1913년에 결성한 광복단은 대한제국 일제침략으로 멸망한 후 국내에서 일어난 최초의 독립운동단체로서 한국근대사에서 남다른 각광을 받고 있다.

광복단은 구한말 의병전쟁에 몸바쳐온 팔도의 의사들이 이곳 풍기에 모여 채기중을 중심으로 결성하였다 1915년에는 대구에 결성되어 있던 조선국권회복단의 박상진과 손잡고 그를 총사령으로한 대한광복회로 개편하였다. 대한광복회는 일제의 식민체제를 전복하고 독립을 쟁취하여 공화국을 건립 한다는 원대한 꿈을 세우고 있었다.

구시대의 봉건사상을 극복하고 근대국가 수립을 표방한 것이다. 그리하여 영주의 대동상점,대구의 상덕태상회 서울의 남일여관과 광주 예산 인천 해주 용천 등지의 곡물상 또는 잡화상점을 거점으로 전국에 일백처럼 혁명기지를 건설해 갔다. 아울러 비밀,폭동,암살,혁명을 행동지침과 목표로 삼아 자금과 동지를 모집하고 무기를 비자하며 전 민족이 봉기할 혁명전쟁을 준비하였다.

한편 이용진, 김좌진, 손일민, 이관구 등으로 하여금 만주에도 거점을 확보하고 때마침 진행 중이던 신흥학교의 독립군기지사업과도 긴밀히 연락하고 있었다. 1917년에는 혁명의 전초작업으로 친일부호를 처단하는 작업에 착수하여 임세규는 칠곡에서 김한종은 아산에서 이병호는 보성에서 한훈은 별교에서 성과를 올려 대한광복회의 이름이 섬광처럼 빛났다. 그리고 민족의 독립을 쟁취할 혁명전야의 흥분이 온 겨레를 긴장시켰다.

풍기광복공원

    그때 의사들은 친일배를 처단한자리에 광복회의 격고문을 남겨 민족적 각성을 촉구하였다 그러한 우직함이 탈이었던가 1918년에 들어서자 전국의 조직망이 발각되어 많은 의사들이 일제의 형장에서 처참하게 그러나 장엄하게 순국하였다. 어찌 헛될 수 있으랴 광복회는 운명을 다했지만 그 유지는 이듬해 3.1운동의 함성을 드높인 밑거름이 되었고 또 황상규 김상옥 오재룡 권영만등 남은 의사들은 주비단 암살단 의열단 등의 다양한 조직을 일으켜 독립운동을 고양시켰다.

    그 모두가 광복회의 희생 위에서 만발한 꽃이 아니더냐 어떻게 만세토록 기리지 않으리요 광복50주년을 맞아 겨레의 뜻을 모아 서석을 세우니 지나는 길손들은 옷깃을 여미라.

    1995년 8월 15일 조동걸 짓고 김태균 쓴 비문 확인

대한광복단

　대한광복단은 국권상실 후 국내에서 결성된 최초, 최대의 무장독립운동단체였다. 의병, 지사 출신의 전투적인 인물들로 구성되었으며 일본제국주의와 정면 대결을 처음부터 지향하였다. 이러한 투쟁방향에 공감한 많은 애국지사들이 가입하여 1915년 대한광복회로 확대 개편되었다.

　대한광복단은 대한광복회로 개편된 후 조직과 활동에 비약적인 발전을 이루었다. 군대식 조직체계를 갖추고 국내와 만주에 거점을 설치한 혁명적 항일 단체로 성장한 것이다. 이러한 발전을 바탕으로 만주에 군대를 양성하여 기회가 오면 무력으로 일제를 섬멸한다는 원대한 전략을 수립하였다.

　대한광복단의 항일투쟁이 거둔 가장 빛나는 성과는 1917년부터 추진된 친일파 처단이었다. 경상, 충청, 전라지방을 중심으로 전개된 이 의열투쟁은 거사의 시점과 파급효과면에서 일제와 당시의 친일세력들에게 심각한 충격을 준 사건이었다.

　대한광복단은 친일, 반민족지주들을 제1의 타도대상으로 설정하고 민족적 심판의 차원에서 그들을 처단하였다. 이들에 대한 응징은 일본제국주의에 대한 경고의 의미와 함께 침체되었던 우리민족의 국권회복의지를 되살리기 위한 목적에서 결행된 것이었다. 대한광복단의 친일파 처단은 당시 국내의 독립운동단체가 감행할 수 있었던 최선의 독립투쟁이었다. 그리고 이는 여타의 항일민족세력들에게 중요한 행동모델인 동시에 역사적 귀감이 되었다.

　대한광복단은 일관된 투쟁목표와 끈질긴 생명력을 가지고 암흑기의 한국독립운동을 이끌어 갔다. 대한광복단에서 대한광복회로 다시 광복단결사대로 조직은 변천하였고, 여러 차례의 위기를 겪었지만 무력에 의한 국권회복이라는 목표만큼은 흔들림 없이 추진되었다.

　1910년대 이들이 흘린 피는 이후 광복의 순간까지 우리민족이 독립전쟁을 수행할 수 있었던 소중한 밑거름이 되었다. 대한광복단의 정신과 투쟁은 독립운동사 뿐 아니라 전체 우리 민족사의 자랑스러운 성과로 기억되어야 할 것이다.

좌로부터 광복탑, 대한광복단 추모탑

김계하 선생의 정신은 대한광복단기념공원의 정신이다.

● 인연

　우연히 읽은 대하소설 속에 풍기에서 광복단이 결성되었다는 사실을 인지하시고 크게 놀라셨다. 선생은 즉시 사람을 보내 자료를 수집하라 이르시고 부산문서보관소를 비롯해 전국의 도서관을 뒤져 관련 자료를 확보해 나갔으나 서두르지 않으시고 꾸준하고 은밀하게 진행하셨다. 어둠의 시절 의인들의 은밀한 독립운동의 증거를 모으는 일은 참으로 험난했으나 포기하지 않고 그를 또 증명까지 해야 했으므로 수 년의 세월이 걸렸다. 관이 아닌 개인의 의지와 신념으로 확보한 독립운동의 근거와 자료를 바탕으로 약사를 작성하였고, 완성된 약사를 근거로 석물2기를 구입하셨다.

● 실행

　선생은 준비를 완료한 후 놀랍게도 선두에서 진두지휘하지 않으시고 풍기 지역민에게 모든 자료를 내어주시고 일을 진행하라 하셨다. 그저 조용히 뒤에에 지켜만 보시는 것으로 자신의 역할은 끝났다 생각하셨다. 참으로 종교적이고 초월한 선구자의 모습이 아닐 수 없다. 그러나 순조롭지않았다. 해방후 대한광복단의 정신은 친일파에 의해 저지되었고 편파적이고 왜곡된 사상을 가진 학자들의 연구에 근거해 또 한 번 제동이 걸렸다.

다행히 본격적인 학술적 연구가 다시 시작 되었지만 대한광복회 중심으로 진행되었고 풍기의 광복단은 단지 광복회가 있기 전 선행조직 정도밖에 안되는 조직으로 평가 받았다. 심지어 모교수는 학생들과 본 공원에 와서 하는 말인즉 이곳 공원이 별 것도 아닌데 풍기사람들이 유별나서 과장되게 평가한다고까지 절하했다. 몇 차례의 학술회의에서도 광복단의 역사적 평가 절하 발언은 계속되었고 학계는 인정하지 않으려고만 했다.

● 대한광복단과 채기중 선생의 정신

잠깐 채기중 선생의 생애를 보면 그는 뼛속까지 독립운동가이다. 나라가 독립하지 못하는 이유는 적군이 아닌 친일파들의 행적때문이다 라고 일갈하고 무력투쟁의 선봉장에 계시다가 일제의 눈을 피해 고향 상주에서 풍기로 오신 독립투사이다. 대한광복단기념공원의 본관에 친일 매국노의 얼굴을 바닥에 깔고 후손들에게 짓밟히고 있는 역사적 모욕감을 주는 퍼포먼스는 사실 채기중 선생의 독립정신, 독립수호의 산물이라 할 수 있다. 해방을 끝내 보지 못하고 옥중 서거하신 채선생의 생의 신념과 정신은 김계하 선생에게 커다란 영향을 미쳤다. 채기중 선생의 실천하는 행동력과 김계하 선생의 은밀하고 조용한 후원이야말로 대한광복단 기념공원의 정신이 아닐 수 없다. 독립 운동을 하면 3대가 망하고 친일파는 3대가 흥한다 라는 아이러니가 존재하는 기막힌 현실에서 이 두 분의 정신은 역사적으로 각인시켜야 할 중대한 의무임을 후손들은 잊어선 안될 것이다.

● 김계하 선생 정신 계승

선생이 광복단에 관심이 없었다면 대한광복회가 있기 전의 선행조직 정도의 미미한 평가 밖에 받지 못했을 것이다. 가슴 속 깊이 풍기의 발전과 위상을 운명의 숙제로 받아들인 그 분의 희생과 헌신을 우리는 절대 잊어선 안된다.

작은 지역에서 독립의 불씨를 살려 전 지역으로 획장시킨 대한광복단의 혼연의 정신이 그저 공원으로만 사용되어서는 안되는 이유를 이제 우리는 통찰해야 한다. 얼마나 숙연한 정신의 결정체로 풍기에 존재하고 있는 가를 나만이 아닌 우리가 우리만이 아닌 후손들이 영원히 각인할 수 있어야 할 것이다.

김진회(전 대한광복단기념사업회 사무국장)

성내교회의 기반 확충

기독교 신앙의 뿌리

김계하가 신앙을 어디서 어떻게 받아들였는지 정확하게는 알 수 없으나 재종형 김계원(金桂元)의 자서전 『하느님의 은혜(2012년)』에 살펴보면 증조모(김수혁의 부인)의 영향과 큰할아버지 김태립 장로의 부인으로부터 영향을 받은것으로 보여진다.

증조모는 38세에 남편을 여의고 천리타향으로 이주하여 2남 1녀의 가장으로서 정신적인 안식처를 찾았을 것이다. 고향 평양에서 선교사 로버트 토머스 목사가 성경을 안고 순교하는 얘기를 자세히 들었고 월남(越南) 과정에서 새로운 세상이 열리는 변화의 물결 속에 이른바 야수교는 뭇 세인들의 동경과 희망을 주었다.

특히 며느리(김창립의 부인)는 평양(平壤) 시내에서 이름 있는 한의원(韓醫院) 원장의 딸이어서 지혜롭고 가정 교육을 잘 받았을 뿐만 아니라 이미 새로운 종교에 대하여 깊이 알고 있어서 고부(姑婦)간의 대화에도 큰 문제 없었다.

2남 1녀의 자녀 중 딸의 이름을 나중에 지었는데 성모 마리아의 이름을 근거로 김마리(金麻利)라고 지은 것 같다. 직업으로는 일반 농사에서 인삼 재배를 하였고 특히 원예작물을 대를 이어 해오면서 신진농업에 앞장서 왔다.

선각자적 삶의 계승

풍기읍내의 첫 장로교회이자 어머니 교회인 풍기(성내)교회 제1세대 교인들의 구성은 창립 당시의 시대상황과 깊이 관련되어 있다. 북한에서 이주해온 이주민들 가운데서 교인이 된 경우가 적지않았다. 김계하의 조부 김창립도 그 가운데 한 사람이다. 그의 나이 8세(1894년)에 풍기로 왔다고 한다. 아마도 부친은 『정감록』 신앙에 따라 풍기로 이주해 왔을 것으로 짐작된다.

최초의 풍기교회

조부 김창립은 증조모의 영향과 형, 형수의 영향으로 기독교 신앙을 가지고 풍기교회(성내교회) 창립에 형 김태립 장로와 함께 선도적(先導的)인 역할을 하였고 일제강점기까지 교회 사목에 헌신하였다.

1907년 미국 북장로교 선교회의 파송받은 선교사 안대선, 권영창, 권서 전도인 장치순, 심취명 장로(당시 새문안 교회)의 전도로 풍기읍에 복음이 전파되어 동부동 자인촌에서 김기풍, 이시동, 장사문, 이상호씨 등과 가정에서 예배 드림으로 교회가 시작되고 이것이 풍기지역 복음전파의 시작이었다.

김창립은 1909년 3월 김용휘 등과 중심이 되어 서부동 초가 15간을 구입하여 예배당으로 사용하면서 풍기교회로 명칭하고 초대 장로로 장립되었다.

조부인 김창립은 1919년 4월 자신이 중심이 되어 성내교회에서 설립한 영신학원의 교장으로 교육에 힘썼는데 1925년 폐교되었다. 1920년 3월 17일 초대 장로로 장립되어 당회 조직하였다.

부친인 김영기 장로는 기독교 신앙 안에서 성장하여 유학까지 하였는데 음악(音樂)에 특별한 재주가 있어 교회 내에 악대부를 구성하여 운영하였다. 1950년 6월 4일 장로로 장립하였다.

성내교회의 기반을 다지다

김계하도 선대의 영향을 받아 1977년 11월 1일 집사 안수를 받고 1983년 5월 24일 장로로 장립되어 조부와 부친과 함께 3대에 걸쳐 장로에 장립되었다.

김계하는 1981년 8월 현 예배당 신축시 건축위원장으로 각종 지원 등 헌신적으로 기여하였다. 부친으로 부터 물려받은 유산(포도밭, 주택) 가운데서 일부를 교회에 헌납하기로 평소에 생각해 오고 있었는데(교인들에게 표명), 처음에는 쌀

풍기교회 악대부

천가마를 헌금하고자 했는데, 교회신축이 시작될 무렵에는 인삼농사 수입금을 바치겠다고 표명하고 약속한대로 5,000만원 헌금하고, 나중에 1,000만원 추가 헌금(전체 6,000만원)을 하였다.

    예배당 신축은 교회부흥의 상징이었고 또 그동안 교회가 크게 성장했으므로 예배당을 넓혀야 할 현실적 필요에 따른 공사였다. 예배당 신축을 위하여 김계하 집사(1983년에 장로 장립)가 헌신적으로 기여했다.

풍기 성내교회 신축공사
위로부터 구 건축물 철거, 머릿돌 설치, 성전봉헌예배

김계하 장로 장립(1983년 5월 24일)

…… 1981년에 시작된 예배당 신축은 옛 건물을 완전히 허물고 새로 짓는 공사였는데 엄청나게 큰 역사(役事)였다. 이 건축을 위하여 교인들이 다시 한 번 더 땀 흘리고 수고하는 노동, 물질적 헌신, 눈물의 기도를 집중하였다. 헐어내어야 할 예배당은 1950년대에 온 교회가 헐벗음과 굶주림을 참고 견디며 눈물의 기도와 수고로 세운 건물이었다. 그러한 건물을 헐어야 하는 일은 가슴을 매우 아프고 쓰라리게 했다. 하지만 새로움을 위해 옛 것을 철거해야 한다는 의식으로 그 쓰라림을 위로했다. 새 예배당의 건축기간이 장장 약 2년 조금 덜 걸렸는데, 1983년 5월 24일에 예배당 410평 (900석)의 건축을 완공하고 봉헌식을 거행하였다. 봉헌예배의 설교를 강신명 목사가 하였는데, …… 『하늘의 뜻, 땅에 심는 성내교회 100년사』 p172

예배당 신축은 교회부흥의 상징이었고 또 그동안 교회가 크게 성장했으므로 예배당을 넓혀야 할 현실적 필요에 따른 공사였다. 예배당 신축을 위하여 김계하 집사(1983년에 장로 장립)가 헌신적으로 기여했다.

그후에도 성내교회의 발전을 위하여 노력해오다가 1995년 5월 7일 은퇴장로 추대되었다.

풍기 성내교회(城內敎會) 영주시 풍기읍 기주로81번길 6 (성내리 58)

풍기 성내교회(城內敎會)는 대한예수장로회 통합 영주노회 영북시찰회 소속 교회로 풍기지역에 복음을 전파하고 사랑을 실천하기 위해 1900년초에 설립되었다.

1907년 미국 북장로교 선교회의 파송받은 선교사 안대선, 권영창, 권서 전도인 장치순, 심취명 장로(당시 새문안교회)의 전도로 풍기읍에 복음이 전파되어 동부동 자인촌 김기풍, 김창립[김계하의 조부], 이시동, 장사문, 이상호 등이 믿고 가정에서 예배 드림으로 교회가 시작되고 이것이 풍기지역 복음전파의 시작이었다.

1909년 3월 김용휘, 김창립[김계하의 조부] 등이 중심이 되어 서부동 초가 15간을 구입하여 예배당으로 사용하면서 풍기교회로 명칭하고, 교회가 부흥되어 1914년 예배당을 증축하였다.

1912년 문곡교회(현 고항교회), 1918년 감천교회, 1922년 서사교회를 개척하고, 대평교회[지금의 대흥교회]를 분립하였다. 1926년 현재 위치인 영주군 풍기면 성내동에 토지를 일부 매입하여 예배당을 신축하였다.

1929년 창락교회, 1934년 김용휘 장로를 중심으로 북문교회[지금의 풍기제일교회]가 분립되었다. 1939년 교회창립 30주년 기념으로 백합유치원을 설립하였다. 그해 일제의 교회 말살 정책으로 풍기읍교회·창락교회를 북문교회로 통합하고 명칭을 풍기교회로 바꿨다.

1947년 다시 현 위치로 돌아오면서 성내교회로 개칭하였다. 한국전쟁으로 예배당이 파괴되어 유치원에서 예배를 드리다가 1953년 예배당을 신축했다. 1974년 예배당을 증축하고, 1983년 현 예배당을 건립하였다. 1994년 교육관을 건축하였다. 1997년 성내경로대학을 개설하였다. 다음 해 성내교회 사회봉사관을 개관하여 봉사활동의 구심점으로 삼았다.

2000년부터는 풍기 지역 유선방송으로 예배 실황을 방영하고, 성내교회 누리집도 제작하였다. 이후 2003년 필리핀 가야만성내호프교회[현 가야만성내교회] 헌당, 2004년 교회박물관 개관, 2005년 성내가정폭력상담소 개설[2011년 폐소], 2005년 필리핀 가야만초등학교 개교, 2006년 성내노인복지센터 개설, 2007년 풍기 아름다운신문 발간, 2009년 『성내교회 100주년 교회사』 발간 등 국내외 선교 및 봉사활동 등을 활발히 진행하고 있다.

농촌 청소년의 대부

영주 4-H운동의 역사

　김계하가 4-H운동에 언제 어떻게 참여하게 되었는지는 알 수 없다. 다만 1980년대 영풍군 4-H운동의 정착과 도약에 큰 역할을 담당했다는 것은 분명한 사실이다.

　20세기 미국에서 시작된 4-H운동은 우리나라에서는 1947년 3월 경기도에서 4-H구락부가 조직되면서 시작되었다. 4-H운동은 행운을 상징하는 녹색 네 잎 클로바를 상징으로 지육(智育, Head), 덕육(德育, Heart), 노육(勞育, Hands), 체육(體育, Health) 등 네 요소를 지도이념으로 하고 있다.

　한국전쟁 발발로 중단되었다가 1952년 농림부에서 농촌개발 사업으로 4-H운동을 채택한 뒤 다시 시작되었는데, 1950년대 후반 전국적으로 확대되었다. 당시 4-H운동은 농촌개발을 위한 구락부사업으로 한 농촌청소년 지도사업이었다. 그 뒤 4-H운동은 농촌의 부흥과 재건운동 또는 농촌지도자 육성운동으로 전개되었다.

제7회 새마을청소년 환영의 밤

영주에서는 1954년 영주군 부석면 상석 2리의 감산 4-H구락부가 조직되면서 시작된 것으로 알려져 있다.

1955년에는 영주군 부석면 보계 2리 모치 4-H구락부와 부석면 북지 1리 갓띠 4-H구락부가 만들어지면서 확산되었다. 부석면에서 시작된 영주의 4-H운동은 1956년 군 산업과에 교도계가 신설되고 4-H담당 직원이 배치되면서 본격적 조직 육성이 시작되어 1960년대 중반 전체 자연부락으로 까지 확산되었다. 1980년 영주군이 영주시와 영풍군으로 나뉜 뒤 다시 1995년 4월 영풍군이 영주시로 통합되었다.

영주시 4-H회는 초창기, 정착단계(1960~1969), 도약단계(1970~1978), 발전단계(1979~1989), 자립단계(1990~현재) 등 5단계로 구분해 볼 수 있다.

초창기에는 1957년 첫 군연합회 결성, 정착단계는 1965년 전 부락단위에 4-H구락부가 결성 운영, 도약단계는 새마을운동의 실시와 함께 4-H구락부 조직의 세분화, 곧 새마을단위 4-H구락부, 학교단위 4-H구락부, 사회산업단체 단위 4-H구락부 등으로 구분됨과 동시에 4-H 부원은 만 13세이상 24세 미만의

미혼 청소년 남녀 등이었다.

발전단계는 1979년 4-H구락부 명칭이 새마을청소년회로 바뀌면서 리동새마을청소년회(13세~21세), 읍면새마을청소년회(22세~29세)로 조직의 이원화를 통한 회원 증가, 자립단계는 농촌영농인구의 감소로부터 농촌자립을 강조하고 있다.

4H 운동은 일종의 실천적 사회교육운동으로 창의적인 사고와 과학적인 행동을 통해 청소년을 미래의 주역으로 키우고 농어촌 발전을 도모하는 것이 주목적이다.

【4-H 기본 이념】

4-H란 머리(HEAD) 마음(HEART) 손(HANDS) 건강(HEALTH)을 의미하는 영어 단어의 머리글자 네 개를 말한다. 우리나라에서는 이들 단어의 의미를 각각 지(智), 덕(德), 노(勞), 체(體)로 사용하고 있다.

4-H회는 청소년들이 단체활동을 통하여 지·덕·노·체의 4-H이념을 생활화함으로써 훌륭한 민주시민으로 키우는 동시에 지역 사회와 국가발전에 기여토록 하는 사회교육운동이다. 다른 청소년운동과 4-H운동이 차이점은 우리 농촌에 애착을 갖게 하며 농촌청소년의 경우 영농인으로서 자질을 배양하는데 있다.

따라서 청소년 교육이 지육 덕육 체육에 역점을 두고 있는데 비해 4-H운동은 노육을 추가하고 현장교육과 실천 과제 등을 주요 프로그램으로 하고 있다. 지육(지식과 지혜)은 머리를 명석하게 계발하여 올바른 판단력과 합리적인 계획 능력을 배양하고 덕육(따뜻한 마음과 행동)은 진실된 심성, 겸손한 자세로 인격을 도야하고 강인한 의지를 함양하는데 있다.

또 노육(부지런함, 지역사회 봉사, 직업능력 개발)은 근면, 성실, 인내로써 유용한 기술을 습득하여 이를 실천하고 확산시키며 체육(신체적, 정신적 건강) 은 건강을 증진하여 능률을 향상시키고 가정과 지역사회에 즐거운 삶을 도모하는데 있다. 4-H를 상징하는 클로버는 행운과 성취의 의미가 담겨져 있고, 흰 바탕은 청순함을, 녹색은 희망을 상징한다.

영풍군 농촌 청소년의 대부

김계하는 영풍군 4-H의 정착과 도약, 발전단계에 큰 역할을 하였다. 어린시절부터 4-H에 가입해 활동한 것으로 보인다.

그는 1961년 당시 도내에서 36대 1의 경쟁을 뚫고 일본 연수과정에 선발돼 6개월간의 일본 원예연수(선진문화농업)를 다녀왔다.

1980년대 영풍군지역의 4-H활동은 김계하를 빼놓고는 말할 수 없다. 1982년부터 1993년까지 12년간 영풍군 4-H 후원회장을 맡아 '농촌 청소년의 대부'라는 별칭을 얻게 된다. 당시 그의 적극적인 후원과 지원을 받은 영풍군 4-H는 1982년 경상북도 경진대회에서 종합 준우승을 시작으로 중앙경진대회에서는 안심 4-H회(안정면 안심리)가 전국 최우수 모범 4-H회로 입상했다.

또 같은해 장수면 성곡 새마을 청소년회도 경북 최우수, 중앙경진대회 최우수 모범 4-H회로 입상했다.

1983년에는 경상북도 경진대회에서 종합우승을 한 것을 비롯해 중앙경진대회에서도 반산 4-H회(장수면 두전리)가 모범 4-H 부분 2위에 입상했다. 1984년에는 경북 경진대회에서 다시 종합우승을 함으로써 2연패의 위업을 달성했다.

이같이 영풍군 4-H가 당시 큰 성과를 거둔 것은 오로지 김계하 회장의 적극적인 지원과 뒷받침이 있었으며 또한 그의 4-H에 대한 깊은 사랑과 애정이 만들어낸 결실이었다.

그만큼 정신적으로나 물질적으로 지원을 아끼지 않고 보살핌이 지극했다는 것이 당시 활동했던 4-H 회원들의 증언이다.

지역에 건립된 새마을청소년회 우승기념비

"절대로 내 얘기 하지 말라"

김계하는 영풍군 4-H 후원회장 당시 가을 4-H 경진대회나 여름 1박 2일 야영 훈련때는 자신의 사재로 전야제를 해주었는데 음료수와 빵 그리고 노래자랑시 밴드 비용도 지원해주었다. 그때마다 자신이 지원해주고서도 "절대로 내 얘기 하지말라."고 하며 꼭 4-H 후원회에서 지원한 것으로 했다. 또 인삼 씨앗을 구입하여 영풍군의 10개 읍면 4-H 회원들에게 나누어 주기도 했다. 또 4-H 회원들의 길흉사에는 만사를 제쳐놓고 참석해 위로와 축하를 전했다. 이후 김계하는 인삼 후계자도 만들었는데 그 중에는 성공한 사람이 많았고 걸출한 인삼후계자가 배출되기도 했다.

조합장님은 가정에는 소홀했으나 교회에는 충성하신 분이셨습니다. 특히 아이들에겐 사랑이 대단하셨습니다. 늘 아이들을 바라보는 표정이 자신의 손자, 손녀처럼 생각하던 모습이 눈에 선합니다. 당시 청소년들이 도움을 많이 받았다. 내가 본 사람중에 사랑이 가장 큰 사람으로 청소년들에게 경제적인 부분에서 모든 것을 후원하신 분입니다. 한번은 저를 인삼건조장에 데리고 가서 체반에 인삼 건조하는 것을 보여주시고 맛을 보여주시며 인삼의 가공 과정을 설명해 주셨다. 【김연식(당시 4-H 자원지도자)】

풍기에서 조합장님에게 덕을 안 본 사람이 없다해도 과언이 아닐 것입니다. 특히 조합장님의 후원으로 영풍 4-H가 전국에서 명성을 얻을 수 있었다. 4-H 경진대회때 황소 한 마리를 협찬하면서도 자신을 소개하면 난리가 난다. 항상 회원들이 협찬 한 것으로 하라고 하셨다. 찬조 등 희사를 해도 절대로 본인을 나타내는 것을 싫어하셨다. 4-H 회원들의 길흉사는 만사 재쳐놓고 꼭 참가 하셨다. 아쉬웠던 것은 조합장님의 장례를 풍기 성심장례예식장에서 치루었는데 3일간 문상이 초라하기 그지없었다. 특히 4-H 출신들이 많이 참석하지 못해서 죄송스러웠다.
【김시영(1980년대 중반 4-H후원회 총무 역임)】

김계하 조합장은 교회 장로였지만 종교에 관계없이 똑같이 지원해주셨다. 4-H 후원회장때 많은 돈을 내놓곤 하셨는데 이때도 절대로 내 이름을 내지마라고 하면서 후원회에서 낸 것으로 하라고 하셨다. 또한 4-H 회원들이 인삼이나 농약을 치면 가다가 차에서 내려 격려 해주는 것이 일쑤였다. 늘 후원금을 사비로 아낌없이 지원해 주시곤 했다. 어려운 사람이 있으면 수고한다고 꼭 도움을 주신분이다. 경진대회나 야유회 등 소소한 기관장 자리에도 사비를 냈다. 이와 비슷한 사람은 한사람도 못보았다.【김대호 (당시 농촌지도소 4-H 담당계장)】

30여 년 전 나이가 어려서 어떤 지원이 얼마만큼 이뤄졌는지 전부 알 수는 없지만 여름철 해변에서 열린 야영대회나 경진대회, 선진지 견학 등의 행사에 항상 김 옹이 나타나 격려를 아끼지 않았고 행사비용의 상당부분도 사비를 들여 지원한 것으로 알고 있다.【양승백(1984년 새마을 청소년 영풍군 연합회장)】

그의 농촌청소년에 대한 각별한 관심과 애정은 영풍군 4-H 후원회를 활성화시켜 영풍군 4-H를 전국 정상으로 끌어 올렸고 4-H회의 지원육성에 필요한 후원기금 8천 여 만원을 조성하는데 큰 몫을 했다. 이같은 공로로 그는 1982년 영풍군 새마을 청소년후원회장으로써 대통령 표창을 받은데 이어 1990년 12월 4-H회와 농촌청소년에 대한 열정과 쌓아온 공로를 인정받아 철탑 산업 훈장을 수상했다.

새마을청소년 경상북도경진대회 종합 우승 기념비(1984년, 영주시 농업기술 센터 내)

새마을 청소년회 경진대회 수상 기념비 건립

4-H후원회의 역할은 4-H운동의 재정적 뒷받침을 하는 것이다. 김계하는 영풍군 4-H후원회 회장으로 누구보다 솔선수범해 온 인물이다. 4-H회원들의 자질향상을 위한 각종 후원활동을 왕성하게 펼쳐 영풍군 4-H회가 대외적으로 두각을 나타내는데 디딤돌이 되었다.

그는 1984년 영풍군 4-H연합후원회 회장으로 80년대초 영풍군 지역의 4-H회를 적극 지원하여 1982년부터 1984년까지 영풍군내 4-H회들이 도경진대회와 중앙경진대회에서 우수한 성적을 거두어 기념비를 4곳에 건립하게 된다. 이

기념비는 당시 영풍군 4-H연합후원회 회장으로서 제반경비를 부담하면서 건립했다.

안정면에 위치한 영주시 농업기술센터 전정에는 1982년부터 1984년까지의 4-H활동 업적을 기념하기 위해 1984년 12월에 세운 영풍군 새마을 청소년연합회의 「새마을 청소년 경상북도경진대회 종합우승 기념비」가 서 있다.

이때 제27회 새마을 청소년 중앙경진대회 최우수상을 수상한 장수면 성곡 새마을 청소년회기념비와 제28회 새마을 청소년 중앙경진대회 최우수상을 수상한 안정면 안심 1리 새마을 청소년회기념비, 제29회 새마을 청소년 중앙경진대회 우수상을 수상한 장수면 두전 1리 반산 새마을 청소년회기념비를 등 3기를 함께 건립하였다.

새마을 청소년 경상북도경진대회 종합우승 기념비
- 영풍군 새마을 청소년연합회 -

1982년 종합활동 경북 우수 / 모범청소년회 전국 최우수
1983년 종합활동 경북 최우수 / 모범청소년회 전국 최우수
1984년 종합활동 경북 최우수 / 모범청소년회 전국 우수
위치 : 경북 영주시 안정면 안정로 30 영주시농업기술센터 앞 마당
영풍군 새마을청소년 후원회 건립(1984년 12월)

제27회 새마을 청소년 중앙경진대회 최우수 기념비
- 장수면 성곡 새마을 청소년회 -

1982년 모범 새마을 청소년회 1981년 영주 최우수, 1982년 경북 최우수, 전국 최우수
위치 : 영주시 장수면 성곡리 241-6 보호수 느티나무 오른쪽
영풍군 새마을청소년 후원회 건립(1984년 12월)

제28회 새마을 청소년 중앙경진대회 최우수 기념비
- 안정면 안심 1리 새마을 청소년회 -

1983년 모범청소년회 영주 최우수, 경북 최우수, 전국 최우수
1983년 전국 쌀 증산왕 : 임용빈
위치 : 영주시 안정면 안심1리 새마을회관 앞 느티나무 아래
영풍군 새마을청소년 후원회 건립(1984년 12월)

제29회 새마을 청소년 중앙경진대회 우수 기념비
- 장수면 두전 1리 반산 새마을 청소년회 -

1984년 모범청소년회 영주 최우수, 경북 최우수, 전국 우수
위치 : 영주시 장수면 석곡리 241-6 보호수 느티나무 오른쪽
영풍군 새마을청소년 후원회 건립(1984년 12월)

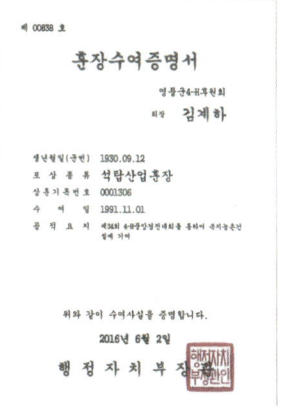

새마을청소년후원회 및 4-H후원회 표창

위로부터 안정면, 장수면 성곡리, 두전리에 건립된 새마을 청소년 중앙경진대회 우수 기념비

경북도의원 김계하

풍기 사람들의 대변자

김계하는 1991년 6월 20일 민자당 공천을 받아 영풍군 제1선거구에서 7,659표를 얻어 당선되었다. 1961년 5월 16일 군사혁명으로 인한 지방의회 해산으로 지방자치가 전면 중단되어 오다가 30년만에 실시하는 도의회의원선거가 1991년 6월 20일 도내 34개, 시군 87개 선거구에서 일제히 실시됨으로써 부활되었다.

이때 치루어진 제4대 경상북도의회의원 선거에서는 영주시 3명, 영풍군 2명, 총 5명의 의원을 선출했다. 영풍군 제1선거구에서는 민주자유당 김계하, 제2선거구에서는 민주자유당 강성국, 영주시 제1선거구 민주자유당 권영창, 제2선거구 민주당 박찬극, 제3선거구 민주자유당 전동호가 각각 당선되었다.

경상북도의회 의원 선거는 1952년 5월 10일 처음 치러졌고, 1960년까지 모두 세 차례 시행되었다. 이 기간 영주 지역에서는 2명의 경상북도의회의원을 선출하였다. 이에 제1대 국민회의 엄창섭과 민주당 송도봉, 제2대 자유당 강석일과 엄창섭, 3대 민주당 김창용과 황원락이 당선되었다.

지방의회의원선거법 규정에 의하면 시. 도의회의 의원정수는 행정구역을 기준

김계하 제4대 경북도의회 기념사진

으로 시·군·구마다 3인으로 하되 인구 30만을 초과하는 매 20만마다 1인을 더 선출하고 인구가 7만 미만이 될 때는 2인을 정수로 하였다. 의원의 보수는 무보수 명예직으로 봉사하였다.

그는 경북도의회 제4대 도의회(1991. 7~1995. 7)에서 활동하였다. 도의회에서는 의회운영 및 농림수산위원, 의회산업위원, 의회기획위원을 역임하였다. 4대 도의회는 1991년 7월 8일 개원하였는데 회기는 제57회~제96회까지였다.

"지금 농민이 쓰러졌다 이거지요."

김계하는 1991년 6월 20일 제4대 도의원 임기를 시작한지 얼마되지 않아 태풍 「글래디스」가 지나가 경북지역에 많은 피해를 입었다. 이때 경북도의 경북도의회와 경상북도 차원에서 피해를 입은 농가의 피해복구 및 지원대책을 의회에서 강력하게 촉구했다. 또 경북도가 능동적으로 피해복구에 임해 달라는 당부도 함께했다.

…… 지금 농민이 쓰러졌다 이거지요. 어제 성주를 가보니까 사과도 다 떨어지고 복숭아는 하나도 붙은게 없어요. 자 그럼 어떻게 살아납니까? 무슨 건덕지가 있어야 잡힐거 아니예요. 그래서 저는 그런 경험도 한번 가지고있고 해서 이렇게 어려울 적에 우리농민들의 대변자가 또 우리고 또 집행단체장이 지사님이 아닙니까? ……

　　…… 우리농민들 이 수해를 당했을 적에 한번 구해달라는데 국가에서 안 해줄 수가 없다고요 만약에 안 해준다고 그러면 나라 꼬라지가 안됩니다. 이거는 나라가 아닌 거예요. 이렇게 수해가 나가지고 수확 앞을 두고 얼마 안 있으면 수확할 이런 피해를 받았는데 나라에서도 안 해 줄 리가 만무하다고요. 여기서 한가지 더 부언하고 싶은 것은 우리 의회가 지금 잘했니 못했니 하는 이런 걸 따지는 것 보다도 앞으로 어떻게 하면 우리 농민들을 구해낼 수가 있느냐.…… 경북의회의 대표가 중앙에 올라가서 모든 자금을 한번 찾아보라고요. 그러면은 영농자금도 있을 거고 아니면 특별히 경제개혁 차원에서 재정자금으로도 예비비도 충당해 줄수 있을 거고 특히 가서 참 미운 놈 밥 많이 주고 우는 아이 젖 많이 준다고 우리도 가서 달라 붙어 봐야 한다고 봅니다. …… 【제58회 경상북도의회(임시회) 산업건설위 1991년 8월 31일】

"작약연구소라 그러지 말고 생약연구소라."

　　91년 10월 제59회 임시회 농림수산위원회에서 김의원은 농촌지도자회의 운영기금을 조성해 이 단체가 활성화되게 해달라는 질의와 경상북도에서 작약연구에 대한 막대한 예산을 세우자 김의원은 생약연구소로 이름을 바꾸고 작약, 인삼 등 여러 가지 생약을 시험, 육성, 재배해 그 범위를 좀 광범위하게 하자고 제안하였다.

…… 품목을 말이죠? 작약연구소라 이랬는데 이 작약이라 이러면은 생약의 한 일종인데 작약이외에도 뭐 연구하는 생약 종류가 있습니까? …… 생약 전반에 걸쳐서 지금 아마 한 800여종이 지금 거래 되고 있는 줄 알고 있습니다마는 이런거를 좀 연구해가지고 우리 한국산이라 이러면은 참 어디가도 우수한 품질로서 인정을 받으니까 지금 그래서 이걸 조금 넓게 생각 해가지고 작약연구소라 그러지 말고 생약연구소라 이래가지고 여러 가지를 시험, 육성, 재배해보면 어떤가 하는 게 저의 의견인데 그것 연구를 한번 하셔가지고 생약연구소라고 하라는 건 아닙니다만 그렇게 좀 광범위하게 좀 일을 해 주셨으면 하는게 …… 【제59회 경상북도의회 임시회 농림수산위 1991년 10월 11일】

"지원이 누락된다 이러면 좀 섭섭하지요."

김의원은 풍기는 시군청의 소재지가 아니어서 예산이 많지 않아 늘 소외받아와 도시계획에 문제가 있어 이의` 시정을 요구했다. 특히 풍기에 중공업단지를 만들고 풍기역전앞과 소백산 진입 도로의 확포장을 요구했다.

…… 시군청 소재지 지역이 아닌 풍기같은 지역은 군청 소재지가 아니어서 예산이 많지 않아 소외감을 느끼고 있다. 풍기는 도시계획이 조금 문제가 있기 때문에 한번 다시 좀 검토해 달라고 했는데 하나도 관철이 안되었어요. 지금 풍기 시내에 공장이 104개나 되어 중공업단지를 만들어달라 …… 지금 풍기역전 앞에서 6m도로를 「버스」 한대 지나가면 일방 통행도 아닌데 애를 먹고 지나간다고요. 풍기인삼이라든지, 영풍 사과라든지 풍기직물이라든지 이 직물관계는 말이지요 전국 생산량의 인조가 30%를 차지하고 있을 정도로 상당한 양을 가지고 있어요 이런 소도시라고 그래 가지고 모든 계획에 또한 지원이 이렇게 누락된다 이러면 좀 섭섭하지요. 소백산 국립공원에 들어가는데도 6m도로를 「버스」가 지나가고 또 소수서원, 부석사 등 이런 산문들에 대형 「트럭」이라 든지 이렇게 다니는

그런 도로를 지금 지나갈 수가 없어요. 이런 소외된 그런 감이 들지 않게끔 이번에는 수해도 많이 났고 …… 【제59회 경상북도의회 임시회 예산결산특별위원회 : 1991년 10월 15일】

"오지나 시에 사는 학생들이나 똑같은 대접을 해주라 이거죠."

시군의 중심지에만 건립되고 있는 실내체육관이나 강당을 지역별로 건립하여 공동으로 이용하자는 제안을 하였다. 풍기 등 오지지역에는 실내 체육관이 없어 학생들이 차별을 받고 있다고 지적하고 있다. 또한 전국대회에 나가는 학생들에게는 지원을 해주어야 한다고 하였다.

…… 저는 말이죠 외지에 살다 보니까 억울해 죽겠어요 어떻게 시 중심에 있는 학생들만이 강당을 이용하고 거기서 탁구도 치고 햇빛에 타지도 않는 농구도 하고, 배구도 하고, 송구도 하느냐 이거죠. 저는 이런 걸 한번 제의하고 싶어요 각 지역으로 각 학교마다 지어주지 말고 각 학교마다 지어주면 위화감이 있는 것 아닙니까?…… 군에 하나면 하나, 공동으로 이용할 수 있겠끔 지금 말이죠. 오지로 가면은 공설운동장이 없는데가 많습니다. 공설운동장은 학생들이 늘 이용하겠끔 안해줘요. 왜 그러냐하면 잔디밭 보호라든지, 특수적인 여건이 아니면 허용을 안해줍니다. 이것을 지역그룹으로 내놔 가지고 그런 시설을 공동으로 이용해 주게끔 하라 이거죠. 뭐가 그 사람들을 우대하기 위해 가지고 큰 학교, 잘사는 학교, 그런 학교만 강당을 만들어가지고 가방에다 불넣고 다니면서 실내에서 운동하게끔 만들고 오지는 왜 이렇게 괄시하냐 이거죠. … 본위원이 생각할 적에는 오지나 시에 사는 학생들이나 똑같은 대접을 해주라 이거죠 큰 학교만이 체육관을 만들어 준다는 것은 이건 있을수 없는 일이에요.……

…… 전국대회 나간다고 하는 이럴 적에는 교육청에서 상당히 도와주는데 지

금 제가 조금 훑어보니까 거기에 대한 지원은 전혀 없네요 그것도 조금 추경이지마는 앞으로 본예산에 좀 힘들어 가지고 전국 대표권을 땄을적에는 지원을 해 주겠끔 그런 예산도 좀 뒷받침 해 달라 이거죠.…… 【제59회 경상북도의회 임시회 예산결산특별위원회 : 1991년 10월 15일】

"금산 인삼제는 도 차원에서 합니다."

금산인삼제는 충청남도 차원에서 개최하는데 경북에는 사과 등이 유명한데 경북도차원에서 홍보 등을 해주어 농민들에게 도움을 주어야 한다.

　　…… 충남의 금산 인삼제는 도 차원에서 합니다. 도의 금산인삼선양위원회라는게 있어 가지고 필히 도지사가 꼭 참석하죠, 그래서 지금 경북의 사과…… 이것 얼마나 유명합니까? 이걸 어떻게 도 차원에서 말이죠 예산을 좀 부여해 가지고 좀 홍보, 손질을 해 가지고 농민들에게 도움을 줄 수 있게끔 그런 생각을 한 번도 해 본 적은 없는지요. 아니면 앞으로 계획이 서 있는지 여러 가지 산물들이 있을 거예요. …… 【제59회 경상북도의회 임시회 예산결산특별위원회 : 1991년 10월 14일】

"땀흘리며 배우는 연수가 되어야지요."

농어민후계자 해외연수가 땀 흘려가면서 체험할 수 있는 연수프로그램이 좀 더 알차게 진행되게 해야한다.

　　…… 지금 관광농원을 정부에서 지원을 받아서 관광농원을 만들어 놓은 것을 보면은 이 한갓 유흥장, 음식, 이것을 위주로 한 한갓 유흥장 시설이 돼 있지 않나

이렇게 봐요. 제가 생각하기로는 관광농원이라 이러면 이웃의 일본을 우리가 예로 들 수 있죠. …… 이 관광농원의 의의가 없습니다. 이 막대한 예산을 들여서 농민들 소득하고 농산물을 좀 소비할 수 있는 그런 소득과 직결되는 이런 관광농원이 돼야 된다고 보는데 어떻게 생각하는지 ……

…… 지금 현재도 말이죠. 일본에 농촌의 젊은이들은 1년 연수 「코스」로서 미국이라든지 아니면은 산악농업이라든지 이렇게 보내고 있는 줄 알고 있어요. 그 단체가 일본 농촌국제청년 연맹입니다. 그래서 우리나라도 이 장기연수 「코스」가 왜 필요한가 하면 말이죠, 우리 60년대 할 적에도 일본 같았습니다마는 한 달은 일본의 농업의 계열전체를 「오사카」농림 기술센터에서 대충 듣고 4달은 실습「코스」로 들어갔어요. 그래서 일본 농촌을 직접 체험하고 또 농가의 한 가족으로서 같이 일도 하고 땀도 많이 흘리고 왔는데 이제 일본 닮은 농업연수생을 파견시키라고요, 벌써 일본은 말이죠, 그때 눈이 떴던 것 같아요. 그 대규모의 농장에 특히 미국을 위주로 해 가지고 많이 보냅니다. 1부 「코스」로써, 우리도 농촌 청년들을 참 실지로 땀 흘려가면서 체험할 수 있는 그런 계기를 한번 만들어 줬으면 좋지 않겠나 하는 이런 뜻에서 아까 말씀을 드렸고 또 한 가지는 말이죠, 경비 문제는, 이 원래 연수 「코스」라는 것은 경비가 많이 안 들어가는 겁니다. 가서 먹고 자고 일하는 것도 그쪽에서 다 나오는 거고, …… 그러니 이제 여러 가지 의의가 있는데, 지금 그저 열흘 「코스」로서 가서 시찰만하고 오는 그 정도 가지고는 좀 모자라지 않나 이런 감이 들어요. ……【1991년도 행정사무감사 농림수산위원회 : 1991년 12월 3일】

"유통기금에 적극적으로 임해야."

유통기금을 적극적으로 확보하고 대폭 늘려 농촌문제 해결에 좀더 적극적으로 임해야 한다.

…… 유통기금에 대해서 …… 우리 도의 큰 재산으로 출연을 하는 건데 좀 더 과감하게 요청을 한다든지 아니면 자체예산 가지고라도 좀 대담하게 투자해서 출연금을 대폭 늘려서 참으로 핵으로 이루어지는 농촌의 분세점을 해결해 줄 수 있는 유통기금이라고 생각합니다. 좀 더 적극적으로 임해야 되지 않느냐 이렇게 생각이 됩니다. ……

……그래서 좀 적극적으로 유통기금을 확보하는데… 유통기금은 우리 경상북도의 재산이 되는 거죠? …… 제가 관계하는데서 유통기금을 사용해 보니 이것 참 의의가 있는 기금이라는 걸 느꼈어요. 주로 수출교역 작목에 주로 중점 지원한다 하는 게 첫째… 이것 상당히 의의 있게 생각하는데 이것 좀 과감하게 확보를 해야 되겠다는 거죠. 지금 그런 분야라도 우리가 여기에서 1년 동안 의성에 작약연구소 설치다 또 군위에 수백억원을 들여서 사과에 모든 제품을 생산한다, 뭘 합니까? 이런데 적극적으로 지원을 해 줘야 다시 살아난다 이거죠. …… 이래서 좀 농민들 살리는 모든 기업이라든지, 조합이라든지, 협업단지라든지 지원해 줄 수 있는 길이 재원이 있어야 지원을 해 줄 수 있다 이거죠.

…… 경상북도에서 농한기금을 활용할 수 있는 지원이 지금 얼마나 목표를 두고 있습니까? 금년에 농한기금 …… 그래서 우리 경상북도에서 과연 농촌을 위해서… 농산물 가공이라든지 아니면 교육이라든지 여러 가지 품목업종에 따라서 다양하게 이루어질 줄로 알고 있어요. 최저 지원금액이 얼마나 갈 수 있나 하는 것을 제가 묻는 거예요, 농한기금에 대해서. ……

…… 17일날 영풍군에 말이죠. 제일 피해를 많이 받은 게 사과입니다. 그 외 화분과 작물이 많이 피해를 받았죠. …… 그 날 지사님께서 20일날 오셨어요. 그래서 우리 도의원 둘이 하도 답답해서 어느 지점에 가 있었다 이거죠. 그런데 지사님이 마침 대구에서 무슨 행사가 있기 때문에 반드시 돌아가야 할 길이기 때문에 거기로 오시다가 바로 니려가셨어요. 우리는 거기서 지사님 온다고 제일 많이 피

해 많이 받은 데서 기다리고 있었다 이거죠. 참 이렇게 섭섭할 도리가 없었더라 구요. 그리고 지금 고위층에서 우리 지방에 한 분도 안 왔어요. 지금 제가 어저께 말이죠. 일찍 들어가 가지고 사과를 전부 만져봤어요. 쓸 것 하나도 없어요. 전부 멍 다 들고 … 그러나 7일날 경주에 가서 우리 국장님 앞으로의 대책의 말씀을 듣고 조금 위로를 했습니다. 오늘은 2백몇십억 지원자금을 요청했다 이러길래 그것을 대단히 위로를 하고 오늘은 기분 좋게 돌아갈 것 같습니다. 어떻게든지 성사가 될 수 있게끔 많이 노력해 주세요. …… 【제66회 경상북도의회 농림수산업위원회 1992년 7월 14일】

풍기중앙시장 현대화와 영세직물업체의 협업단지 조성

풍기중앙시장의 노후화로 인한 기능상실이 우려되므로 현대화 시장을 요구하였다. 또 85년도 봉현 농공단지가 조성되어 풍기시내에 있는 직물업체 24개와 창업업체 4개 등 28개가 들어섰다. 하지만 그때 봉현농공단지로 나오지 못한 영세업체 말하자면 자기집마당에 가건물 창고형식으로 만들어 가지고 하고 있는 그 직조업체가 그것이 생계수단인데 그때도 도저히 이전을 할 수 없는 형편이고 못한 150여 영세직물업체의 협업단지 조성에 노력해 달라.

…… 풍기 중앙시장은 벌써 역사가 한 50년동안 내려오는 시장인데 인삼, 과수, 약초 등 여러 가지 산물이 많은 곳입니다. 지금 복개된 지붕이 썩어가고 있고, 전기도 누전상태에 와있고, 또한 바람이 분다거나 장마가 든다거나 하면 머지 않아 쓰러집니다. 이곳은 군유지요, 또한 복개도 군재산입니다. 도내에 이런 시장이 있는지 없는지 있으면 이런 시장을 풍기사장과 같이 어떻게 앞으로 행정적으로 유도해 나갈려는지 이것 답변좀 해 주세요. ……

…… 북부지역의 풍기를 중심으로 한 곳에 직물업체가 한 160개업체가 있습니다. 처음 6.26사변부터 시작하다보니 수공업으로 그저 헛간에 한 두 대 또 조금 발전한 사람들은 창구에다가 이렇게 해서 한때는 풍기인소라는 명성을 날릴 정도로 …… 무허가 업체라고, 또 아무리 절차 규정상에 맞지 않는다 이러더라도 …… 지금 그 분들이 봉현농공단지에 입주하고 아마 20여개업체가 아마 입주된 줄 알고 있습니다. 나머지 100몇십개 업체가 협업단지를 만들어서 자기네들이 지금 입주를 할려고 그래요. 그런데 이 절차가 무척 까다롭다이거지요. …… 그래서 지금 봉현쪽에다가 협업단지를 하나를 지정을 해서 한 5, 6만평을 잡아가지고 대거 그리로 이동을 할려고 그러는데 이걸 좀 어떻게 협조를 좀 해주셔야 되겠다 이거죠. ……【1992년도 행정사무감사 산업위원회 1992년 11월 26일】

"풍기 직물의 협업단지 조성관계, 그 결과를 한번 말씀해 주시고…….'

풍기직물 협업단지를 조성하고 30년 그대로 방치해 돼지우리 같은 풍기중앙시장 방치를 시정해줄 것을 요구하였다.

…… 지금 업자들이 자기 돈을 내어서 자기네들 스스로 그 공장부지를 만들어 보겠다 하는 그 의욕만 하더라도 우리가 찬양을 해 줘야 되요. 저번에도 잠깐 말씀드렸습니다마는 240몇개 업체중에서 무허가가 지금 60몇개 업체가 있습니다. 그래서 이제는 더 이상 주체를 못하는 현 시점에 와 있습니다. 그래서 그것을 어떻게 해서든지 지역경제국에서 빨리 진로를 좀 어떻게 모색을 해 주셔야 하지 않겠나 하는 이 생각입니다. 또 한가지는 풍기 중앙시장을 또 다시 말씀드립니다마는 이거는 행정에 책임이 있다고 봅니다. 이것을 시장으로 지정했으면은 행정이 끝내 책임을 져 줘야 되는데 20년, 30년 그대로 방치해 가지고 이거 무슨 소굴, 돼지우리 같은 이런 꼴을 만들어 놓고 20년, 30년 이렇게 끌고 오니 이거 어떻게 군하고 서로 연락을 자주 해서 이거 무슨 조화점을 찾아 주셔야 되요. ……

…… 어디에 그런 시장이 있습니까? 이러지도 못하고 저러지도 못하고 꼼짝을 못하기 때문에, 제 지역구를 너무 말씀을 드려서 죄송합니다마는 어차피 해결되어야 되어요 이게요. 해결 안 되면 이런 문제 나옵니다. 이거는 행정적으로 책임이 있어요. 남의 문앞에다 복개해 가지고 전부 다 막아 놓았다고요. ……【제72회 경상북도의회 임시회 산업위원회 1993년 2월 16일】

"예산편성시 의원들의 의향이 반영되게 해달라."

예산편성시 의원들의 의향이 좀 반영될 수 있는 그러한 길을 좀 열어 주십사 하는 겁니다. 그런데 이것을 좀 구체화해 달라 이거지요.

…… 처음에 지자제 참여 할려고 했을 적에는 큰 꿈도 있었고 또 지방 건설이라든지 또 행정의 방향이라든지 여러 가지 참여하고 싶은 이런 뜻도 있었습니다마는 와서 한 3년 동안 이래 지내는 동안에 이래 느낀 것이 와서 그저 지사께서 내놓는 예산안에 대해서 심의에 그치는 정도로 의원 생활을 했습니다. 앞으로 잘 있어봐야 추경까지 합쳐서 그저 한 서너번 있을까 말까한데 시장, 군수하고 어떻게 합의되는 선에서 우리 의원들의 의향이 반영될 수 있는 그런 길을 좀 열어 주십시오.……【제83회 경상북도의회 임시회 기획위원회 1994년 3월 3일】

"왜 이렇게 우리가 괄시를 받고 사느냐 이거예요."

예산 편성시 시설물이나 도로 건설하는데만 치중하지 말고 경북 북부지역에 최근 수해피해가 많으니 치수사업에 예산 편성을 많이 해주어야한다. 또 소백산 국립공원에는 도로 정비가 한곳도 되지않고 있어

…… 지금까지 요구하는 것 보면 전부 뭐 시설이다, 자꾸 길만 닦아라 이러고 이러는데 이 치수사업을 말이죠, 치수사업을 근본적으로 할 수 있게끔 예산 방향을 좀 틀어야 될 것 같애요. 자, '87년도 수해났지, '88년도 수해났지, '89년도 수해났지, '91년도 수해났지, '92년도에 대수해가 났다고요. 이럴 때마다 소하천, 도수로 이게 터지면 그저 10리, 20리를 흘러내린다고요. 그래서 앞으로 예산편성을 우선 길닦는 것보다 이 치수사업에 대해서 좀 예산을 할애를 하지 않으면 안되겠다 하는 거예요. 왜 그런가 하면 소로가 옛날부터 거의 기형적으로 이뤄져 있거든요. 그러니 그걸 이 때까지 땜질만 그저 해왔다 이겁니다. 그래서 앞으로 치수사업에 대해서 각별히 예산편성 방향을 좀 신경 써 달라는 겁니다……

…… 충북 단양에 가보면 말이지요, 고을 고을마다 전부 길 다 닦아 올라왔어요. 우리 여기는 국도이외에는 없습니다. 풍기서 소백산 올라가는 그 길도 주차장 자체도 전부다 아스팔트 하나도 안되었다고요. …… 누차 얘기한 것이지만 거기에 또 순흥면에서 국망봉 올라가는 데, 또 유명한 초암사있는 데서 남대리 올라가는 데 하나도 아스팔트 되어 있는 데가 없다고요. 자, 국립공원도 마찬가지고 북부지구는 왜 이렇게 우리가 괄시를 받고 사느냐 이거예요. 그래서 경북의 북부지역에 예산을 좀더 투자해야 되겠다 하는 얘기가 있었는지 없었는지, 아니면 아예 그만 방치를 하는 건지 …… 【제87회 경상북도의회 임시회 기획위원회 1994년 7월 6일】

"태풍 피해농가에 특별 농가자금 186억원을 지원을 받았습니다."

…… 태풍피해농가에 특별 영농자금을 중앙에 건의를 했는데, 그 추진상황은…… 태풍으로 인한, 태풍으로 인해서, 50% 이상 피해농가에 대한 특별 농가자금 186억원을 10월 25일날 농수산부로부터 지원을 받았습니다.
  현재 융자실적은 지금 58억원입니다. 농협에서 지금 지출하고 있습니다. 그 다음 농한기금을 말씀을 하셨는데 이것은 농어촌개발국에서 하기 때문에 농어촌개발국에서 자료를 가지고 오라고 그랬습니다.

…… 인삼 포지에 꿩에 유해조수 구제방법을 물으셨는데 야생조수인 꿩으로 인해서 인삼 포지에 피해에 대한 것은 3월말까지 관내 모범엽사로 하여금 시장 군수의 허가를 득해서 구제 할 수 있도록 지시가 내려가 있습니다. 그래서 안동지역에도 기이 실시하고 있고 그 피해지역에 대해서는 시장 군수와 경찰서장으로 하여금 그 허가를 해서 하도록 이렇게 조치를 하고 있습니다. 【*1991년 행정사무감사 농림수산위원회 1991년 12월 6일*】

김계하 의원 도정(道政)에 관한 질문 전문

제85회 경상북도의회 임시회
(1994년 5월 16일 오전 10시)

존경하는 손경호 의장님, 또한 동료의원 여러분!

오늘 바쁘신데도 지사님 또 교육감님 관계 실국장 여러분들께서 이렇게 나와 주신데 대해서 감사의 말씀을 드립니다. 몇가지 질의코자 합니다. 순서를 바꾸어 말씀드리겠습니다.

저는 인삼고장 풍기 출신입니다. 그래서 인삼에 대해서 지금 4대째 인삼경작을 하고 있고 또 조합 전무로서도 한 17년간, 조합장으로서 12년간, 또 중앙회 회장으로서 3년간 인삼에 대해서 오랫동안 제가 관계한 경력을 가지고 있습니다.

그래서 홍삼전매제도를 폐지해야 한다 하는 것이 본의원의 주장입니다. 홍삼전매는 이조때는 조정에서 총괄관장을 했고 1908년에 모든 법이 개폐될 적에 홍삼전매라는 용어가 나와서 지금 한 1세기동안 홍삼전매를 하고 있습니다. 당시는 너무나 궁중의 재정이 핍박했기 때문에 재정조달책으로서 전매가 이루어졌던 것입니다.

또한 전매의의라는 것은 첫째, 재정조달에 있다고 봅니다. 그 이외 품질보장이라든지 공개념속에서 이루어집니다마는 첫째는 재정조달을 위해서 전매제도가 이루어지고 있다고 본의원은 생각합니다.

현시점에서 생각할 적에는 지금 1세기동안 어떤 때는 많은 조달을 했습니다마는 지금 현시점에서는 전무한 상태입니다. 그래서 벌써 전매의의는 상실했다고 봅니다. 1년에 한 4~5백억원어치 물건을 사들입니다마는 비용을 3~4백만원을 쓰고 있어요. 그래서 이제는 이 부가가치를 농민들한테 돌려야 하지 않나 이렇게 생각합니다.

지금 우리 경북의 현황을 잠깐 말씀드리면 인삼경작 농민이 한 4,000호가 있습니다. 또 면적은 한 1,400~1,500ha가 있지요. 만약에 홍삼전매가 폐지됐다고 했을 적에는 지금 보통 시중에서 중상품으로 수삼시세가 한 2만원 합니다마는 홍삼전매제도가 폐지되고 이 부가가치가 농민들한테 들어온다고 할 적에는 한 5~6만원의 수익이 농민들 앞으로 갑니다.

저희 현시점에서 생각해 볼 적에 우루과이라운드도 체결이 됐고, 또 어려운 농촌실정입니다. 지금 약 한 4,000호가 있습니다마는 약 한 1만호, 2만호, 면적으로 볼 적에는 2,000, 3,000으로 불어날 요소가 있습니다. 그래서 지사님께서는 이 홍삼전매제도를 한번 검토하셔서 지사차원에서 정부당국에 폐지를 건의토록 해 주십사 하는 요망입니다.

두 번째는 농촌구조개선사업을 해 달라는 요망입니다. 우리 농촌마을은 기형적으로 커왔어요. 이웃나라 아니면 독일, 스위스라든가 이런 데를 가보면 벌써 100년전부터 바둑판과 같이 네모가 나게 정리가 되어 있는 농촌마을을 수없이 봤습니다. 또 도시계획이 이루어지면서 농촌에도 예산을 투입해서 농촌마을도 계획을 해 줘야 합니다.

아직까지 읍면소재지도 도시계획차원에서 계획이 안 된 곳이 허다합니다. 이래서 지역은 넓지만 균형을 맞추어줘야 하지 않나 이렇게 봅니다. 그래서 농촌마을도 지금 정주권사업으로 집이 자꾸 들어섭니다마는 이것 역시 기형적으로 들어서고 있어요. 그저 자기 땅에다가 짓기 위해서 그저 남쪽으로 서쪽으로 그저 편리한대로 짓고 있다 이거죠.

이것을 바둑판과 같이 계획을 해서 집도 제자리에 들어서게끔 또한 각종 시설, 어린이놀이터라든지 다소의 청소년들이 뛰어 놀 수 있는 운동장시설이라든지 기타 문화회관이라든지 각종 시설을 갖추어서 농촌도 근대화적인 그러한 규모를 갖추어 달라는 겁니다.

제3공화국 시절 때 취락구조 개선사업이라고 해서 각 읍면에 한 동네씩 하기 시작했어요. 그런데 이게 지금 현재 중단되어 있다 이거지요. 그때는 새마을사업으로서 동민들이 전부 동원되어서 한 동네씩 이렇게 해 나왔습니다마는 지금 중단상태에 있지 않나 라고 봅니다.

그래서 이 농촌을 들여다보면 선진국 진입, 이런 말은 지금 현재로 할 수가 없어요. 18세기, 19세기 그 상태 그대로 있습니다. 이웃 일본만 보더라도 명치유신 때부터 벌써 바둑판처럼 전부 계획을 해서 하수정리라든지 여러 가지 시설이 잘 되어 있는 것으로 볼 적에 아직도 우리 농촌은 요원하다 하는 것을 느끼고 있습니다. 그래서 이것을 어떤 차원에서 어떻게 해야 되는지는 모르지만 농촌마을도 모든 계획이 현대구조로서 이루어져야 된다고 봅니다.

그 다음에 지방공무원들의 사기문제입니다. 저도 우리 의회가 개회되고 난 뒤에 수차례 이 좌석에서 지방공무원들의 사기진작을 거론했습니다. 그때마다 지사님 또한 관계관 여러분들께서 어떻게 시정하겠다, 한번 검토해 보겠다, 이런 말씀으로 일관되어 왔어요. 그러나 아직까지 우리가 보기에는 아직까지 우리가 얘기하는 그 요점이 어디에 있는지 잘 이해를 못하시는 것 같아요.

좀 어떻게, 인사가 만사입니다. 인사가 잘 안되면 도정에 엄청난 영향이 간다고 보고 있습니다. 이번 4월 30일날 인사가 단행된 걸 지상에서도 봤고 또 여러 사람들의 얘기도 들었습니다. 뭔가 객관적인 입장에 서 있는 이 언론기관에서 공무원들의 사기가 떨어지는 인사를 했다는 거예요.

또 한가지 물어보겠어요. 듣도 보지도 못한 지사정책보좌관이라는 말을 이번에 처음 들었습니다. 이런 제도상의 제도가 있는 건지, 왜 1, 2년밖에 안 남은 사람들 그렇게 수고하다가 명예롭게 나갈 수 있는 길을 열지를 못했냐 하는 것입니다.

우리가 때에 따라서는 엘리트를 영입해야 된다고 봅니다. 중앙에서 또 아니면 각처에서 영입해야 된다고 보지만 언제든지 인사하고 난 뒤에는 선이 흔들린다고요, 신이. 그래서 지사님께서는 좀 지사답게 힘있게 서서 인사를 해주셔야 되겠다 하는 겁니다. 물론 인사는 고유권한입니다.

그러나 우리 도의원은 민의와 접할 적에 여러 얘기를 듣고 있어요. 선에 넘는 인사는 해서는 안 되지 않나 하는 뜻에서 이런 말씀 한말씀 드립니다.

결론은 이거예요. 지방공무원 하다가 나도 시장 군수 한번 해보자 하는 겁니다. 그걸 지금 솔직히 얘기해서 막고 있어요. 바로 이 문제입니다. 열심히 노력하다가, 공무원 생리라는 것이 한계급 한계급 올라가서 자기도 시장 군수를 하다가 명예롭게 퇴진해 보자 하는 것이 지방공무원들의 바람인데 이걸 지금 막고 있다는 거예요. 그래서 이것을 좀 시정을 해 주십사 하는 겁니다.

다음에는 소백산국립공원개발에 대한 말씀을 드리겠습니다. 어디를 가보더라도 소백산국립공원처럼 낙후되어 있는데가 없어요. 그곳은 경북지역입니다. 경북지역.

충북에 가보면 소백산을 중심으로 해 가지고 북쪽은 충북입니다. 남쪽은 경북이고, 아직도 도로 하나 제대로 닦지를 못했어요. 소백산국립공원 구역내에는 약 한 50세대가 살고 있습니다마는 이 주민들도 부자유스러워요. 뭘 하나 할려고 해도 전부 허가예요. 어디까지나 국립공원안에서는 그렇게 남발적으로 모든 것을 해도 안되지만 지금 현재 살고 있는 주민들은 좀 보호를 해 주십사 하는 것입니다.

또 한가지는 소백산국립공원의 북단입니다마는 강원도와 충청북도와 삼각지대가 있어요. 그래서 이 지대는 건설부에서 특별개발지역으로 지정되어 있습니다. 그런데 이번에 7월달부터 도지사 산하로 이것이 넘어온대요. 그래서 본의원으로서 부탁은 이 건설부에서도 지정이 되어서 개발, 이것은 경상북도 기획단에서 요청해 가지고 건설부에서 지정된 겁니다.

저는 그렇게 알고 있어요. 그래서 다시 7월부터 지사관장에 넘어오더라도 특정지역으로 지정해 주십사 하는 것입니다.

그래서 강원도와 충북, 경북, 이 공원지대에 일본의 이스나공원과 같은, 일본의 이스나공원의 그 공원은 아마 민영으로 처음에 시작이 되었지 않나 봅니다. 누구나 참 일본의 그 알프스산의 공원지대에 도로가 뚫려서 아마 참 중요한 관광도로로 되어 있지 않나 봅니다마는 여기가 만약에 특별히 개발된다 이러면 참 거기에 못지 않는 참 좋은 관광코스요, 또 좋은 지대가 될 수 있지 않나 이렇게 봅니다.

그래서 다시 도로 오더라도 지정을 해 주시고 또 낙후되어 있는 소백산국립공원개발에 지사님 입장에서 국립공원공단과 어떻게 잘 수의하셔서 속히 개발될 수 있게끔 좀 해달라는 겁니다.

또한 부석사, 소수서원 등으로 문화유산이 참 많은 곳입니다. 그리고 개발여지의 역사적인 자료들이 많아요. 한 예를 들면 금성대군이 순흥에 와서 단종복귀운동을 하다가 어떻게 발각이 되어서 그 일대가 전부 불바다가 되었어요.

그리고 피가 흘러 흘러서 '피끝'이라는 동네도 있어요. 지금 도에서 문화재로 등록이 되어 있습니다마는 아주 초라하기 그지 없어요. 이 얼마나 관광스토리(Story)로 좋은 스토리가 나오는 곳입니까? 역사적인 사료도 되고 이런 등등의 자료개발이 많습니다. 그래서 사적지 개발에도 우리 도차원에서 좀 적극적으로 개발해 달라는 겁니다.

그리고 한가지, 이번 시군통합에 있어서 본의원이 생갈할 적에 한가지 문제점이라 할까 하는 것을 좀, 이제는 시기도 많이 지났습니다마는 한번 이 자리에서 짚어볼 필요가 있지 않나 싶어서 이런 말씀을 드립니다.

선거나 주민의견수렴이나, 이번에 또 주민의견수렴은 특별형식을 취했어요. 이 모든 것이 국민의 참정권, 우리 주민의 참정권이 아닌가 이렇게 봅니다. 조금도 다를게 없어요. 그런데 참 행정당국에서 너무나 찬성쪽으로의 홍보를 적극적으로 했다는 거예요. 어찌보면 3.15 부정선거 이상으로 관여했다 이거지요. 의견수렴이라면 어디까지나 자율적인 환경을, 분위기를 보장해 줘야 하는 것인데 행정당국에서 너무 찬성쪽으로 인도를 했다는 거예요. 홍보물 내용이 그렇습니다.

오늘 자료요청을 해서 자료를 이렇게 받아서 어디서 시작이 됐다는 것은 알았습니다마는 모든 것이 내무부지시에서 자료가 제작이 됐다 하는 것을 알았습니다. 또 내용은 하나에서부터 열까지 전부 찬성방향으로 유도를 했다 이거지요.

그리고 또 하나 지적하고 싶은 것은 공청회를 얘기 안 할 수가 없어요. 공청회에서 소집된 사람들이 누구냐 하면 1개 면에서 20명이 배정됐으면, 리동이 만약에 17개가 있다 그러면 17명은 이장이고 3명은 딴사람이예요. 그러니까 90%는 이장, 동장, 통장이었다는 거예요.

자, 이거는 뭡니까? 통합을 추진하기 위해서 한낱 계통적인 모임에 지나지 않았다는 거지요. 그래서 거기서 박수를 치고 또, 이거 무슨 공청회가 아니고 무슨 결의대회 비슷했어요. 결의대회. 또 이거는 공청회가 아니고 무슨 홍보교육장 같았다고요.

또 토론장은 어떻게 됐습니까?

보통 토론장에는 4명 나오는데 3명은 적극 찬성, 또 1명은 반대이론도 뚜렷이 못하고 그저 어리벙벙하게 했다 이거예요. 우리가 공청회라는 성격을 생각해 볼 적에 참으로 찬반토론이 참 멋지에 나와야 된다 이거죠. 그래서 듣는 사람으로 하여금 그 이론을 정립해서 찬이냐 반이냐로 갈 수 있는 그런 공청회가 되어야 되는데 이것도 역시 관에서 계획한대로 관주도 형으로 공청회가 진행되고 마무리 되었다는 거예요.

또 시간도 좀 줄 수 있는데 전부 이구동성으로 얘기하는 것이 전부 딴 얘기

나올까봐 시간도 다 제한을 했다 그래요.

그래서 이런 것은 우리가 문민시대다 이거야, 문민시대. 새로운 세상이 왔잖아요. 과거와 같은 행정에서 하던 짓을 왜 또 했냐 이거야! 이것이 시내적으로 뒤떨어진 행정하시는 공무원들의 사고라 이렇게 생각할 적에는 참으로 섭섭하기 그지 없습니다.

그런데 주민의견 수렴과정에 저는 이 찬반을 얘기하기 전에 이 절차가 말이죠, 절차가 너무 모호해요. 물론 저도 본의원도 법에 근거는 없는 줄 알고는 있습니다. 그러나 무슨 내무부의 장관요령이라든지 또 무슨 법적인 그 근거 위에서 해야 했어야 하는 겁니다. 우리가 선거할 적에는 선거법에 의해서 모든 절차가 진행되잖아요. 이거 지금 인정받을 길이 없어요. 그런 절차속에서 안했기 때문에.

용지를 주고 그걸 또 거두어 갔어요. 어떤 리동에는 반상회도 없는 데가 있었다 이거죠. 반상회도 없는 데가 있었어요. 그래서 이 절차가 객관적으로 인정받을 만한 절차가 못 됐다는 겁니다. 안 주는 것만 거두어 가지 왜 주는 것 돌려주고 그 외에 왜 거두어 가느냐 이거야, 왜 거두어 가. 자기가 반상회에 가서 정식으로 집어넣는데……

그러면 가지고 가서 어떻게 했느냐 이거야, 환표를 했는지 자기네들이 막 찍어 넣었는지 어떻게 알아요? 그걸 보장할 무슨 재료가 없어요., 재료가.

또 어떤 데는 99%, 99% 참석한다 이거예요. 100% 만들지 왜 99% 만들어요? 100%를 만들지…… 이거 이웃에 어디 예를 좀 들려고 해도 저는 부끄러워서 그건 좀 삼가겠습니다. 이 주변에 보면 100%하는데 있잖아요, 100%, 왜 100% 하지 99%만 했냐 이거야. 너무 길어집니다마는 한가지만 더 말씀드리고 끝내려고 합니다.

머지않아 행정대개혁이 있으리라고 누구나 다 감지를 하고 있어요. 그런데 어떻게 시군통합만 이루어졌냐 이거죠, 시군통합만.

자, 도와 시도문제가 나와 있고 또 연약한 군도 나와 있고, 또 행정구역 분할 문제도 여러 가지 문제점이 있는데 어떻게 시군만 이렇게 통합을 이번에 추진하느냐 이거죠. 그러면 다음에 행성대개혁이 없다는 말입니까? 저는 있으리라고 봅니다.

또 내용에 있어서는 통합하는데는 숙원사업으로 20억, 30억 또 준대요. 이것도 웃긴다고요, 웃겨요. 이거 뭐 기만하는 건지, 놀리는 건지 모르겠어요. 주민들을 바보 취급하는 건지…… 또 거기다가 남는 걸 백몇십억을 또 준대요. 임석관 자체가 그런 얘기를 해요. 또 준대……

그러면 우리 경상북도만 하더라도 1,500억씩 또 2,000억을 오르내려……

그러면 통합 안되는 시군들 뭐 하는 거예요? 여기 통합 안 되는 군 봅시다. 여러분들 여기 가만히 앉아 있겠어요? 맞아야죠, 뭐든지 맞아야 돼. 그런 문제는 왜 꺼내 나왔는지 모르겠다 이거예요. 그러면 1,500억, 2,000억 통합되는 데만 다 줘버리고 통합 안 되는 군은 뭐예요? 빈손으로 여기 앉아 있을 모양이예요? 한번 물어봅시다.

이런 홍보내용이 우리를, 우리 지역주민을 기만했다 이거지요. 또 통합만 되면 인구가 붓는 것처럼 얘기를 했다고요. 통합만 되면 그대로 발전한다는 거예요. 자, 통합되고 난 뒤에 군부에 상황이 어떻게 되나 봅시다.

마지막으로 부탁입니다.

통합에 관련해서 홍보를 좋은 테마를, 의제를 많이 내놨어요. 그래서 본의원이 볼 적에는 대단히 희박하지만 어떻게 홍보대로 잘 보장이 될 수 있게끔 지사님께 부탁드립니다.

또 한가지는 지금 상당히 불안에 잠기고 있는 지방공무원들 통합으로 인해서 걱정을 많이 하고 있어요. 참으로 소외됨이 없이, 통합으로 인해서 명예퇴직이다, 또 아니면 정책자문위원이다 하는데로 보내지 말고 둘이 같이 월급을 주는 한이 있더라도 한참 동안은 그들의 신분을 보장해 줘야 됩니다. 그래도 그동안 한 10여년 지나는 동안 지역주민들과 상당한 인연을 맺고 있고 유대를 가지고 있어요. 그래서 온 지역주민들이 통합이 되면 이 약 한 3,000명의 공무원들이 어떻게 되냐 하는 것을 걱정하고 있습니다. 그래서 그 점도 아울러 부탁의 말씀을 드리면서 이것으로 마칩니다.

[답변 : 도지사 우명규]

먼저 김계하 의원님께서 시군통합 추진을 위한 주민홍보, 공청회 개최, 주민의견조사 실시 등 일련의 과정에서 공무원들이 찬성을 유도했다는 지적과 함께 통합관련 홍보사항의 실현 가능성에 대해서 물으셨습니다.
    답변을 드리도록 하겠습니다.
    의원님께서도 잘 아시는 바와 같이 실로 해방이후 처음 있는 획기적인 일로서 지방자치의 역량 제고를 위해 국민적 공감대 속에서 여야 합의로 지방지차법을 개정하여 금년 3월부터 본격적으로 추진이 되고 있습니다. 이에 따라 우리 도에서는 20개 시군을 통합권유지역으로 선정 공청회 등을 통하여 추진배경과 필요성을 홍보한 바 있습니다. 그리고 통합여부는 어디까지나 해당지역 주민들의 자유로운 의사에 따라 결정한다는 확고한 방침하에 추진되고 있음을 이해하여 주시기 바랍니다.
    통합지역의 주민들이 우려하는 사항이 있다는 것을 저희들도 잘 알고 있습니다. 시군 통합전에 군지역에서 부여받고 있던 주민세, 의료보험료 등의 각종 혜택이나 농어민후계자 육성자금, 오지개발, 정주권개발 등의 개발사업에 필요한 지원은 종래와 같이 유지시키도록 하겠습니다. 시군통합으로 발생하는 공무원의 잉여인력에 대해서는 도농 통합행정에 소요되는 국과 과의 신 증설, 과대 동의 분동, 인근지역 등으로의 연고지 배치를 통하여 공무원의 신분에 불이익이 없도록 하겠다는 것이 정부의 확고한 방침입니다. 또한 이에 필요한 제도와 법령 등을 현재 정비중에 있음을 이해하여 주시기 바랍니다.

아시다시피 지난 4월 25일 실시한 주민 의견조사에서 20개 시군 모두가 통합에 찬성을 하였습니다. 그러나 일부 통합반대 주민도 있었습니다. 도에서는 이러한 주민의 소리에도 귀를 기울여서 행정을 펴나가도록 하겠습니다. 이제는 20개 시군 모두가 통합하기로 주민의견이 모아진 만큼 시군민이 힘을 합쳐서 지역발전을 앞당기는데 지혜를 모아야 할 때라고 저는 생각을 합니다. 의원님들의 적극적인 협조를 부탁드립니다.

시군 통합지역에 대해서는 사업의 우선순위와 지역 균형발전을 고려하여 예산이 적정하게 배분되도록 하고 통합지역에 맞는 장기발전계획의 조기수립 시행 등으로 지역경제를 활성화시키고 지역발전을 촉진하여 통합시의 재정자립도를 제고시킬 수 있도록 노력해 나가겠습니다.

다음은 소백산국립공원 지역을 개발촉진 지구로 지정하여 개발하는 방법과 주변지역의 사적지와 연계하여 개발하는 방안에 대하여 말씀이 계셨습니다.

87년 12월 9일 지정된 소백산국립공원은 총면적 320.6㎢ 중에 본 도의 영풍군 지역이 172.3㎢로서 약 54%를 점유하고 있습니다. 이 소백산국립공원은 천혜의 자연자원이 풍부한 관광지입니다. 소백산국립공원 지역의 개발촉진지구로의 지정문제는 특정지역개발에 관한 특별조치법에 의거 과거 국토개발연구원에서 조사한 바 있습니다마는 이 법이 폐지되었습니다.

그 후 새로 제정된 지역균형개발법이 오는 7월부터 발효되므로 이때 개발방안을 적극 수립해서 반영하도록끔 하겠습니다. 공원과 주변의 사적지 연계 개발은 작년까지 총 52억원의 예산으로 진입로, 등산로 확 포장, 공중화장실 등을 설치하여 환경개선을 위해 노력을 해 온 바 있습니다. 올해는 희방사, 부석사 주차장, 상가진입로 확장공사에 13억원을 투입하고 있으며 계속해서 남대, 마락도로 등 공원과 주변지역 사적지를 연계개발하는 방안을 연차적으로 추진해 나가도록 하겠습니다.

[김계하 의원 : 보충 질문]

홍삼전매제도폐기건의에 대해서 한말씀 더 첨가드립니다.

지금 현재 이 전매제도의 이 환경은 아까 오전에도 말씀드렸지만 전매제도의 의의를 상실했고 또한 폐기단계에까지 와 있습니다. 각 생산단체라든지 또 수출업체라든지 특히 금산시장을 중심으로 한 인삼업계라든지 이 전체가 지금 홍삼전매법을 폐기해야 된다 하고 지금 나와 있습니다.

그러나 우리가 내용을 살펴 볼 적에 공사에서 엄청난 지금 재고를 가지고 있는 거예요. 들리는 바에 의하면 천 억 이상의 재고를 가지고 있다 이거지요. 이걸 폐기를 하게 되면 이게 문제가 된다는 거예요. 자, 이래 가지고 우리 농민들이 피해를 자꾸 가중시킬 수 있느냐 이거죠. 이것을 정부차원에서 해결해 주시고 또 우리 농민들은 농민대로의 보호하는 그런 길로 나가야지요.

지금 소백산맥을 이래 보면 말이죠. 충북쪽으로는 전부 석회암입니다. 석회석입니다. 마침 참 천혜의 혜택을 입었는지 고맙게도 이 영남쪽은 전부가 화강암지대예요. 그러니 아주 인삼엔 적지입니다. 석회는 아주…… 석회석 있는 데를 갖다가 인삼을 심으면 썩어요.

그래서 참 세계적인 인삼 산지로 참 좋은 곳이에요. 그래서 앞으로 전매법이 폐기되고 홍삼제조가 자유로와진다 이럴 적에는 아마 경북의 농업이 다시 재기될 줄 압니다. 그래서 오늘 아까 국장님께서 말씀하셨지마는 재무부에서 농정 농민단체 지도 감독을 다하고 있어요. 세계의 유래가 없습니다.

아마 담배도 마찬가지이지 싶습니다마는 담배는 전문기구가 있고 해서, 인삼도 다소 있기는 있지마는. 이것 지금 해서는 안될 짓을 하고 있는 거예요. 그래서 오늘 이 자리에서 답변 듣고사 하는 것은 아닙니다. 아까 국장님께서도 말씀하셨지마는 어느 시점을 두고 또 연구를 하셔서, 또 영풍군에는 인삼계도 있고 또 풍기에는 한 80년의 역사를 가지고 있는 인삼단체가 있습니다.

또 상가도 있고 그래서 여러 가지 문제를 검토하셔서 조속한 시일내에 이게 폐기될 수 있게끔 그렇게 한번 유도를 해주세요. 구체적인 검토를 해서 한번 가부를 결정해 주신다 하는 국장님의 답변을 좀 듣고 싶습니다. 이상입니다.

[도지사 우명규 : 답변]

제가 답변을 올리도록 하겠습니다. 김계하 의원님께서 홍삼전매제도 건의사항인데 이것은 사실은 저희 도가 지사가 처리할 사항이 아니고 중앙정부에서 아마 재무부에서 검토할 사항이기 때문에 저희가 김계하 의원님께서 말씀하신 사항을 좀 더 구체적으로 개별적으로 의견을 들어서 필요하면 중앙정부에 건의를 하는 방향으로 이렇게 처리를 하도록 하겠습니다.

제87회 경상북도의회 임시회 의회 본회의(1994년 7월 5일)

【부의장 김수광 의석을 정돈해 주시기 바랍니다. 성원이 되었으므로 지금부터 제87회 경상북도의회 임시회 제2차 본회의 개의를 하겠습니다. 의사일정 상정에 앞서서 먼저 발언신청을 한 김계하 의원의 발언을 듣도록 하겠습니다. 김계하 의원님 발언대로 나오셔서 발언해 주시기 바랍니다.】

지난 6월 30일날 경북 북부일대를 집중폭우가 와서 강타를 했습니다. 그래서 오늘 도정질문에 앞서서 이 단상에 섰습니다. 우리가 지난 3년동안 각종 여러 가지 재해가 따랐지만 우리 집행부나 의회가 참 하나가 되어서 슬기롭게 그나마도 이렇게 극복하고 나왔습니다.

이번 피해는 일부분이지만 참 너무나 피해가 심하고 해서 전과 같이 집행부나 의원 여러분들의 의견을 한데 모아서 이 어려움을 극복하게끔 잘 협조해 주시기를 부탁드립니다. 특히 수해가 나자마자 우명규 지사님께서는 현지를 답사하시고 진로를 지휘해 주셨습니다. 또 어제 그저께는 결과 확인도 할겸 또 이렇게 다녀 가셨습니다. 또 의회를 대표해서 우리 김수광 부의장께서도 와서 수재민들이라든지 또 관계 공무원들 열심히 일하는 사람들 다 격려해 주셨습니다.

그래서 오늘 제가 이 자리에 선 것은 지금 우리 농민들이 참 너무나 비참한 이런 환경에 와 있어요. 그래서 앞으로 건설위원회라든지 또 농림수산위원회를 또 특히 이번에는 예결위원회가 있습니다마는 잘 검토하셔서 힘을 모아서 일부지역이나마 잘 도와주실 것을 호소하면서 한마디로 말씀드려서 군 관 민 이 일체가 되어서 지금 대단한 성과를 거두고 있습니다. 현지 특히 공무원들 흙투성이가 되어서 각종 수몰된 곳도 전부 일구어주고 이렇게 총동원 되어 있습니다. 그래서 멀리서나마 그 분들의 노고도 우리가 격려해 줍시다. 이상입니다.

제4장
다하지 못한 이야기

제운루(齊雲樓)의 복원

김계하는 평소 애향심이 탁월하고 향토사에 대단한 애착을 지니고 있었다. 지역의 정체성을 찾아 이를 보존하기 위하여 늘 잊혀지는 역사를 살리고 흔적을 복원하고자 노력하였다. 그 대표적인 예로 풍기군청 문루(門樓)였던 제운루(齊雲樓)의 복원이었다.

제운루는 풍기군 관아의 문루로 약 700여년 전 고려 공민왕때 건립되었을 것으로 추정된다. 그동안 수차례의 중수(重修)를 거쳐 오다가 1936년 일제강점기에 풍기초등학교 소부천사랑(小富川肆郞) 일본인 교장이 영주농회(榮州農會)에 매각한 것을 풍기번영회에서 들고일어나 모금활동을 전개하여 찾아와 공원산 보평대(保平坮)에 주민자력으로 1938년 9월 13일 이건, 준공하였다.

이후 안타깝게도 20여년의 풍우를 견디지 못하고 1958년 여름장마에 무너지

복원된 풍기 제운루 (현 읍사무소 뒷편)

고 '제운루 기주절제아문(基州節制衙門)' 2개의 현판만 읍사무소에 보관되어 있었다. 김계하는 이를 안타깝게 여기다가 그 복원을 제안하였다. 2008년 풍기초등학교 개교 100주년을 맞으면서 우정건, 서효석, 김인순 등 뜻있는 몇몇 사람들과 제운루 복원사업을 시작하기로 하였다.

그후 김계하는 그들과 영남의 대표적인 누각인 진주의 촉석루(矗石樓), 밀양의 영남루(嶺南樓), 안동의 영호루(映湖樓)를 답사하였다.

그후 2018년에 드디어 제운루의 설계를 마치고 고인이된 4년후 2019년 4월에 착공, 동년 12월에 복원하니 옛 풍기군의 상징물로서 마침내 풍기인의 꿈이 이루어졌다. 제운루의 복원은 풍기 사람들의 희망이고 바램이었다.

은풍준시 묘목 보급

김계하는 언제나 풍기에 도움이 되는 일이 없을까 고민하고 살았다. 부도를 맞고 나서도 자신의 생활은 돌아보지 않고 조선시대 임금님 진상품이던 풍기준시,

은풍준시

즉 은풍준시(殷豊蹲枾)의 묘목을 재배하여 이를 보급하기 위해 노력하였다.

그는 어떻게든 풍기준시를 다시 복원 재배하여 이를 많은 사람들에게 보급하여 풍기의 특산품을 만들어 보고자 당시 김진영 시장으로부터 지원을 받아 은풍준시 감나무 묘목을 예천군 하리[조선시대 풍기군 지역] 서사마을에서 가져와 장수면 두전리 장태문씨 집뒤에 묘포장을 만들어 묘목을 심었으나 실패하였다.

풍기중학교의 악대부 창단

김계하의 부친 김영기(金榮基) 장로는 1920년 20대에 풍기 성내교회에 보로드밴드를 조직하고 김계원 장군도 군에 있을때 우리나라 최초로 군악대를 만들었는데 집안이 음악에 남다른 자질을 가지고 있었던 것으로 보인다.

이에 영향을 받아 어린시절 서울 배재중학교 악대부에서 활동하였다. 또 백범 김구 선생 장례식에 맨 앞에서 트럼본을 불기도 하였다. 작곡에도 타고난 소질이 있었다.

김계하는 24세인 1954년에 악기를 사가지고 와서 풍기중학교에 악대부를 조직해 3~4년간 코치로 악대부를 가르쳤다. 당시 풍기중학교 악대부를 조직할때 부원들을 깐깐하게 선발했는데 50대 1정도였다.

악대부 조직후 6개월 정도 연습을 하고 학교 조회때 처음으로 연주를 하였다. 그후 3.1절이나 8.15광복절에 시가행진 등을 하였다.

풍기초등학교 총동창회 창립

1978년 풍기인삼조합 전무이사로 재직하던시절 모교(제 33회)인 풍기초등학교 개교 70년, 한국전쟁 이후 처음으로 모교 출신 신낙선(제29회)이 교장으로 부임해 오자 풍기초등학교육성에 대한 공감을 같이하면서 총동창회 창립을 논의하였다. 당시 김계하는 풍기지역발전에 적극적으로 관심을 가지고 있었으며 특히 물심양면으로 모교 축구부 활동을 지원해 오던 시기였다.

사실 1970년대 풍기초등 총동창회는 창립은 되지 않았지만 각 기별로는 동창회라는 이름의 모임이 있었다. 연례적으로 졸업 후 2년째가 되는 해는 지역 안에 있거나 유학 간 학생이 돌아와 모교 교정에서 모임을 가지고 있었다.

그중 41회(칠우회)가 1972년부터 매년 2월에 정기총회, 8월에 야유회를, 46회(소백회)와 49회(일심회)가 1974년부터 매년 8월 여름에 북부초등학교에서 친선 축구대회를 시작하였고 다음해는 52회(일일회)를 포함해서 3기수로 구성된 선후배간의 축구시합을 가지며 친목모임을 이어오고 있었다.

이러한 분위기속에 신낙선 교장이 모교에 부임하자 그를 중심으로 유지동문들이 자주모여 풍기초등학교동창회를 결성하기로 결의하고 경향각지에서 활동하고 있는 유명인사 중에서 약간의 고문과 30여명의 자문위원을 추대하기로 하고 동창회칙 초안을 작성하여 지역 안에 있는 동문들이 1979년 6월 9일 모교 교무실에 모여서 풍기초등학교동창회 창립총회를 개최하고 초대회장에 김계하 동문을 만장일치로 추대하였다.

김계하 회장 주제하에 이사회를 개최하여 대회명칭을 풍기초등학교 총동창회 기별축구대회로 정하고 공휴일이었던 매년 10월 1일(국군의 날) 또는 10월 9일에 모교 교정에서 기별축구대회를 개최해 오고 있다.

일본인 은사 효오도 다다미 선생 초청

1978년 9월 15일 풍기초등학교 총동창회장으로서 일제 강점기 말 풍기초등학교에서 6년 동안 교사로 봉직했던 효오도 다다미 선생을 동창회이름으로 초청하여 많은 제자들이 모인 가운데 환영 행사를 가졌다.

효오도 선생은 1938년부터 1944년까지 6년 간 재직했는데 특히 스포츠에 대한 관심과 선수적 기량이 탁월하여 경상북도의 오지인 풍기초등학교에서 야구를 지도하여 학생들에게 스포츠정신의 기쁨을 알려 주었다.

특히 1941년에는 경상북도 야구 경기에 출전하여 우승기를 들고 돌아왔는데 효오도 선생의 지도하에 이뤄낸 쾌거였다. 효오도 선생은 선천적으로 쾌활하고 매우 활동적이며 적극적인 성품으로 당시 초등학교 학생들을 사랑으로 이끌어 주었는데 그 고마움을 잊지 않고 광복후 33년 만에 뜻있는 제자들이 지난 역사와 정치적인 상황을 초월해 옛 은사를 초청해 화제가 되기도 했다.

군 명칭변경 어떻게 생각하십니까?
- 원인을 풀어야 한다.

김계하(경상북도 의회의원)

면담을 약속하고 풍기인삼경작조합을 찾았을 때, 김의원은 벌써 기다리고 있었다. 그리고 취재팀이 찾아간 목적을 설명하자 난색을 표명하기도 했다.

며칠전 TV를 보면서 현실이 서글프다는 생각이 들었다는 김의원은 "정교수님 얘기는 과장이 많두만, 교수의 입장에서 그렇게 얘기 할 수 있나. 영풍이 뭐야, 영풍이, 설사 다른 사람들이 그런 얘기를 하면 이해를 시켜야지요. 그러나 이 지방 사람들에게 문제를 던져준 것은 다행이야." 하면서 그 날은 할 말을 다 못했었던 것 같다고 한다.

그리고 찬성도 반대도 아닌 결국 결론이 없었다며 이 문제는 그렇게 풀어서는 안된다고 한다.

"원인을 풀어야 돼요. 원인을!" 원인을 풀어야 한다. 그 원인을 풀면 영주도, 순흥도, 풍기도 다 좋을 것이라며 그 근본을 이렇게 밝힌다.

"과거의 역사를 너무 올라갈 것도 없지만 풍기는 이 지방대로 취급을 당했어요. 그러면서도 기죽지않고 생활한 풍기 사람들이 다행스러워요."

영주는 이 지역사람들이 많이 살지만 풍기는 피난민 또는 이주민들이 많다며 그 속에서 열심히 살아야만 했던 현실적인 어려움과 역사적인 아픔을 함께 지적한다.

"일본놈들이 와서 합군을 시킬 때, 그 당시에는 그들대로의 사정이 있었겠지요. 가령 항일투쟁의 핵이 였다던가 하는. 어쨌든 군청이 영주로 갔어요. 당시 사람들은 원통하고 분하고 뭐 그런게 있었겠지요. 그러나 이러한 근본을 영주사람들은 이해를 하지 않는다는 것이다.

무엇이든 영주 중심으로만 하려 할 뿐. "영주군 시절 때, 풍기인삼이 안정 남으로 내려간다고 군수가 반대한 일도 있어요. 뿐만아니라 이 지방엔 투자도 너무 인색해요. 2만이 사는 도시인데 소방도로 하나 없어요.

불이나면 정말 큰일이야. 그리고 요즈음도 영풍군 행사때 영주시장 오는 것 봤어요? 시행사엔 군수가 꼭 가요." 이러한 근본을 서로 이해가 앞서지 않고는 이러한 논의 자체가 서로의 감정의 골만 패이게 하지 않겠냐고 반문한다.

"전번에 군명칭 문제가 나왔을 때도 만약 숫자로 밀어 부친다면 체육대회 참가거부, 동장 일괄 사표제출, 군행정 거부, 그리고 재판을 받을 때 까지는 세금도 못낸다고 했어요. 결국은 군수가 와서 없던 걸로 하겠다고 했어요."

그러나 김의원은 언젠가는 바꿀 수도 있을 것이라고 한다. 단 여건 조성이 되었을 때 그것이 어떤 명칭이 문제가 되겠냐는 것이다. 지금은 시기상조이고, 언젠가는 그 시기가 올 것이라고 믿고 있다고 재삼 강조한다.

그러나 어느 고을이든지, 그 이름이 행정단위로 이루어지는 것이 상례이고, 지금 개발하고 가꾸어야 할 일도 태산같은데 그 문제는 제쳐두고 명칭에 왜 그렇게 집착을 하고 있는지 모르겠다고 한다.

"영풍이라는 것이 합리적인 것이 아니라고 하는 사람들도 있으나 벌써 10년이라는 세월이 흘렀는데 지금 명칭을 변경한다는 것 보다는 앞으로 군청 소재지가 어디로 옮겨 졌을 때 거론해야 하는 것이 타당하지 않겠어요. 그게 원칙이지. 현재 이 문제를 추진하려고 한다는 것은 어려운 일입니다."

아울러 역사적인 문제를 살펴봐야 한다고 한다. 순흥의 역사를 찾는 사람이 풍기 역사를 생각하기가 어렵듯이 풍기 역사를 생각하는 사람은 영주역사를 생각해 주기란 쉽지 않다는 것이다. 엄연히 행정구역이 달라졌는데도 영주. 영풍을 한 권으로 묶어야 한다는 이론은 수용하기 정말 어려운 일이라며 만약 안동이 우리에게 한 권이나라 모두 묶이라고 하면 영주는 어떻게 할것이냐고 되물었다.

"내가 생각하기에는 다른 곳(월성, 경주, 금릉 김천, 제원, 제천)과는 성격이 다르다고 봐요. 뭐 다 그렇게 되는거 아니냐고 하는데, 산물만 보더라도 인삼이나, 직물, 사과 둥둥이 모두 풍기를 대표해서 나가고, 지금까지 그렇다할 인물뿐만이 아니라 역사적인 것도 제론할 여지가 없는 것이아니요?

역사와 전통 그리고 경제 어느 것도 타지방과 비교해 손색이 없다는 것을 강조하고 싶어요. 꼭 바꾸려면 순흥이나 풍기군으로 해야지. 말머리에서도 얘기했지만 이런 얘기가 거론 된다는 자체가 서글퍼요. 역사란 뚜렷한 흐름이 있어요. 부지런히 서로를 이해해 주지 않으면 해결 될 수 없어요."

지난번 재경 영주 영풍 향우회장의 초대를 받아간 자리에서도 영주군으로 하자는데 대해서 김의원은 자신의 견해를 완곡하게 밝혔다고 한다.

"아직은 시기상조이고, 어느 시점에 가면 조화된 명칭이 나올 겁니다. 지금 이 문제가 거론되면 또 갈등만 심화 될 것 아닙니까?" 이 문제의 거론은 아직 시기상조라는 것이 김의원의 생각이었다. 적극적으로 대화하고 서로를 이해하려고 할 때, 이 문제는 적당한 내용으로 해결될 것이라는 것이다.

   이 고장에서 잔뼈가 굵어오머 이 고장을 지켜온 김계하의원. 누구보디 이 고장「영풍」을 사랑하기에 그의 두 눈은 언젠가 다가올 그 적당한 내용을 이미 보고 있는 듯, 혜안처럼 그윽하였다.

【1991년『영주문화』2호 특별기획 2】

제5장
김계하를 생각하다

노블레스 오블리주를 실천한
작은 거인 김계하 장로

최갑도 목사

사회 고위층 인사에게 요구되는 높은 수준의 사회적 책임을 하기 위해 노력한 사람을 꼽으라면 김계하 장로님을 꼽을 수 있다.

김계하 장로님은 1930년도 9월 12일 김영기 장로님과 이경식 권사의 3남 2녀 중 장남으로 태어났다. 29세가 되는 해인 1958년 12월 29일에 김병교 권사와 혼인하였고, 2남 3녀의 자녀를 두셨다.

불혹을 넘어 지천명이 가까운 1976년 10월 17일에 안보를 최우선으로 삼고 유신 독재 타도를 외치던 시대를 살아가는 사람이 예수 그리스도 이 땅의 구원 자를 향해 눈을 돌리고 자기 삶을 변화시키기 위해서 예수님을 자기 삶의 주인 으로 모시며 세례를 받으셨다. 그리고 세례를 통해 자기 삶의 변화 시키려는 노 력을 하셨다.

하나님을 자기 삶의 푯대를 두고 살던 김계하 장로님은 세례를 받고 칠 년이 흐른 1983년 성내교회에서 교회의 어른으로 교회의 리더로 교회에 대한 봉사와 섬김, 선교를 담당하는 장로 임직하셨다. 교인들의 선출에 의한 선출직이기에 세례를 받고 7년 동안의 교회 생활을 가히 짐작해 볼 수 있다.

더욱이 장로로 임직 된 해에 성내교회가 네 번째 증 개축 공사를 하게 되었는데 그 당시 6,000만 원의 헌금을 담당해 주셨다. 1983년의 대학 등록금이 60만 원 정도였으니 그 당시 물가가 현재보다 10배 정도 낮았다고 추정해 보면 6억 가까이 하나님 앞에 헌신한 것이니 교회 건축에 큰 힘이 되었다.

이뿐만 아니라 교회의 일 년 예산을 위해 매년 12월 첫째 주가 되면 교회의 재정의 부족한 부분을 충당해 주시면서 이웃 사랑을 실천해 주셨다. 김계하 장로님의 이러한 이웃 사랑의 실천은 교회에 속한 성도들에게 뿐만 아니라, 빈곤한 마을 주민을 위해서도 이어졌다. 가난한 마을 주민의 자녀들을 위해 장학금을, 쌀과 연탄 그리고 병원비와 장례식 비용을 알게 모르게 후원하셨다.

김계하 장로님은 2018년 1월 16일 89세의 나이로 이 땅에서의 나그네길을 마치고 그가 그리던 본향 집으로 가셨다.

장로님의 인생을 30년의 기점으로 세 부분으로 나누어 보면 첫째시기는, 이 땅에 빈손으로 오시어 부모님과 함께 성장하며 결혼하였고 둘째시기는 사회 고위층 인사로서 높은 수준의 도덕적 헌신하였으며 마지막 30년은 하시던 일이 나락으로 떨어지면서도 하나님과 풍기 지역을 사랑한 사람이었다.

하나님의 부르심이 있던 2주 전까지 하루도 빠짐없이 풍기 지역의 인삼밭을 돌아보시기 위해 차로 시속 30㎞를 달리셨다. 풍기 대부분 사람의 마음속에 그

분을 향한 존경심을 가지고 있었기에 누구도 늦게 차를 모는 것 때문에 자동차 경적을 올리지 않았다.

돈이 많아도 보았고, 권력도 가질 만큼 가져 보았고, 마지막에 인생에 세상의 것이 얼마나 무상한지에 대한 철저한 몸부림이 있었던 김계하 장로님 자신의 평소 말씀대로 "공수래공수거(空手來空手去)"를 보여 주셨다.

이 땅에서의 재물과 명예, 권력 어느 것 하나도 영원한 것이 없다는 것을 몸소 보여 주시며 하나님 안에서 겸허와 겸손으로 사셨던 김계하 장로님이 평소 하시던 말씀이 떠오른다.

"재산을 물려주는 것은 인생의 하(下)의 삶이고, 사업을 물려 주는 것은 인생의 중(中)이며, 사람을 남기는 그것이야말로 상(上)으로 최고의 으뜸인데……사람을 남기는 삶을 살고 싶었는데 그렇지 못한 것 같다"라는 후회의 말씀이었다. 이런 말씀을 하시면서 재산도, 사업도, 사람도 남기지 못함에 대한 회한을 담아 먼 산을 바라보시는 황혼 노인의 눈빛을 잊을 수 없다.

그런데 이렇게 김계하 기념사업을 위해 애쓰는 많은 사람을 보면서 사람을 남기신 최고의 삶을 사셨음을 느낀다. 나도 하늘나라를 따라가야 하는 한 사람으로 많은 생각을 남겨주신 것에 대해 감사를 느낀다.

김계하 의원님을 그리며

강성국 (전 경상북도 도의원)

김계하 풍기사람 너무나 강한 풍기사람.

김계하 의원님은 내가 농업조합장 시절부터 4-H을 비롯하여 우리지역 농업에 대하여 많은 관심과 아낌없는 지원을 해주셔서 깊은 존경심을 가지고 있었다.

그후 영풍군 당시 도의원으로 의정활동을 하면서 또한번 오로지 풍기사랑의 행적의 오랜 기억에 그의 모습이 생생하다.

그의 도정 활동은 아주 정열적이었다. 다른 지역에 비해 당시 영주시 영풍군 출신의 공무원이 거의 없는 상태라 정보나 도움을 받지 못한 사항이지만 자료를 수집하고 회의 준비를 항상 철저하게 하였다.

그는 수많은 일화를 남겼다. 당시는 교통편이 불편한 상황이어서 영주의 전동호, 박찬극, 권영창, 영풍군의 김계하, 강성국은 항상 같이 다니며 숙소도 같이 사용하였다.

한번은 도교육위원선거에 장하숙 님이 출마하였는데 영주에서 출마한 위원이 당선되어 "너희들이 도와주지 않아서 장하숙이 떨어졌다"고 불같이 화내시고, 보이질 않아서 다들 걱정하고 찾아보니 택시를 타고 풍기로 가신 일이 있었다.

또 영풍군청을 풍기로 이전해야 하는데, 당시 군수가 말을 안 듣는다고 군청 안에 있는 향나무를 꺾어서 때려 죽인다고 군수실에 쳐들어 가자고 하고 도에서도 군청 이전에 대하여 비협조적이라고 만찬장을 쑥대밭으로 만들기도 했다.

군민체육대회를 풍기는 좁으니 영주시에서 하면 좋겠다고 여러번 종용하였으나 택도 없었다.

도의회 회의를 가면 숙소는 같이 사용했는데 항상 보청기를 사용했는데, 잘 못 듣겠지 하고 풍기에 대해서 조금이라 험담하면 그냥 뒤통수를 한 방 날리는데 많이 맞기도 했다.

그런 김계하이기에 풍기의 지인을 만나면 어려움에 처해 있는 김계하 잊으면 안된다고 많은 이들에게 이야기도 했다.

풍기인삼도 김계하 조합장님 없으면 지금의 명성은 없다고 생각한다. 도의회에서도 항상 주장하고 관심을 피력하였다.

그는 어려운 상항에서도 오로지 풍기, 은풍준시가 임금님 진상품이고 복원을 해야 한다고 노력하는 그는 풍기라는 이야기만 나오면 그냥 지나치지 않고 흔적을 남기려고 노력하는 모습이 생생했다.

또한 광복단이 풍기에서 발족되었다고 하면서 우리들에게 수도 없이 이야기했다.

김계하, 그의 삶은 오로지 풍기였다. 그런 사람을 풍기에서 몰라주는 것 같아서 풍기사람들에게 서운함이 있었는데 김계하기념사업을 한다고 하니 여러분들에게 감사를 드립니다.

풍기의 거목 김계하 조합장님을 다시 한 번 기억할 수 있는 시간이 되어서 잠시나마 행복했습니다.

賢母良妻의 標本이요, 敎人들의 어머니셨던 故 김병교 권사님

김종길 (성내교회 수석장로)

뜻있는 지역 유지들을 중심으로 김계하기념사업회가 발족되어 故 김계하 장로님의 평전 출판과 함께 기념비 제막을 준비한다는 소식에 기쁜 마음을 금할 길 없습니다.

개인의 삶을 한 문장, 한 페이지에 풀어내는 평전은 결코 쉬운 일이 아닐 것입니다. 왜냐하면, 사람의 인품을 평가하는 일은 항상 신중함과 겸손을 요구하기도 하지만 사람마다 생각의 차이가 크기 때문입니다.

그러나 장로님의 인품에 담긴 깊은 성정(性情)은, 그의 부인인 故 김병교 권사님의 내조와 사랑에 의해 더욱 빛을 발한 것이리라 생각하며, 권사님과의 소중한 인연을 되돌아봅니다.

저에게 권사님과의 인연은 단순히 '이웃' 이상의 의미를 지닙니다. 어린 시절, 우리 가정은 형편이 어려워 권사님 댁의 아래채에 세 들어 살았습니다. 그곳은 단순한 셋방이 아니었습니다. 한 가족처럼 지내며, 권사님의 따뜻한 마음을 매일 느낄 수 있었던 시간들이었습니다.

저는 그곳에서 태어나 초등학교 3학년 여름방학 때까지 살았고, 그 시절의 기억은 지금까지 제 마음속 깊이 새겨져 있습니다. 먹을 것이 부족했던 어려운 시절, 권사님은 뒤뜰에서 수확한 호두를 바구니 한가득 따서 나누어 주셨고, 직접 경영하시던 포도원에서 따온 포도를 바구니 한가득 내어주시곤 하셨습니다.

장로님께서 한때 목장을 운영하셨는데 가끔씩 신선한 우유를 나누어 주시기도 하셨습니다. 권사님의 따뜻한 손길과 배려는 어린 저에게 얼마나 큰 위로가 되었는지 모릅니다. 그 사랑은 오늘날까지도 제 가슴 속에서 살아 숨 쉬고 있습니다.

그후 저는 서문 거리로 이사를 했고, 고등학교 1학년 때부터 성내교회 학생회에 출석하게 되었습니다. 그때부터 권사님은 언제나 가까운 곳에서 저를 살펴 주셨고, 권사님의 사랑과 배려는 제 삶의 큰 힘이 되었습니다. 그런 인연 덕분에 어려운 가정에서 자란 저는 사회적 지위와 경제적 여건을 넘어 권사님을 만날 수 있었고, 그 격차를 넘어선 무한한 사랑과 격려를 받았습니다.

권사님께서 주신 사랑 덕분에, 저는 교회의 지도자로서 자리잡을 수 있었고, 권사님은 저를 "우리 교회의 기둥 장로감"이라고 늘 자성예언(自省豫言)해주셨습니다. 그 믿음과 사랑은 제 삶의 원동력이 되어 오늘까지 저를 이끌고 있습니다.

권사님의 가정생활을 가까이에서 지켜보며, 저는 권사님의 탁월한 인품과 능력을 더욱 깊이 알게 되었습니다. 4남매를 훌륭하게 양육하심은 물론이고, 남편인 故 김계하 장로님의 사업을 묵묵히 뒤에서 내조하셨습니다. 교회에서도 권사님은 신실한 주의 종으로서 맡은 직분을 성실히 감당하시며, 어려운 성도들의 이웃이 되셨습니다.

특히 1980년대 초반, 권사님과 장로님은 교회와 지역사회를 위한 큰 결단을 내리셨습니다. 운송수단이 없던 시절, 인삼경작을 위한 인부들을 실어나르기 위해서 대형버스를 구입하셨고, 그 버스를 교회와 지역사회가 필요할 때마다 기꺼이 내어주시곤 하셨습니다.

또한, 1983년 성내교회 예배당을 새로 건축할 때는, 건축비의 절반 이상을 장로님 내외 분이 헌금하셔서 교회를 더욱 든든히 세우는 데 큰 역할을 하셨습니다.

권사님의 신앙은 교회뿐만 아니라 지역사회에서도 중요한 여성 지도자로서 역할을 다하셨습니다. 잠시 장로님의 사업이 힘들고 어려운 시기에는 풍기초등학교에서 교사로 재직하시며, 여교사들과 지역사회 여성들의 분위기를 이끌었고, 지역사회의 선도적인 역할을 하셨습니다. 그로 인해 많은 이들이 권사님의 삶을 본받고 따랐으며, 권사님의 신앙적 지도력은 교회 밖에서도 큰 영향을 미쳤습니다.

마지막 삶의 순간까지도 권사님은 신앙인의 자세를 잃지 않고 의연하게 임종을 맞이하셨습니다. 말년에 몸이 불편하셔서 안동 성소병원에 입원하셨을 때, 병원 담당 의사는 수술을 권하였으나, 권사님은 하나님의 뜻에 순응하겠다는 믿음으로 단호히 거절하셨다고 합니다.

제가 병문안을 다녀온 후, 얼마 지나지 않아 권사님은 하나님의 부르심을 받으셨습니다. 그때, 저는 더 자주 찾아뵐 걸 후회하며, 마지막 만남을 아쉬워했던 기억이 아직도 제 마음속에 남아 있습니다.

권사님은 삶의 여정에서 가슴 아픈 일도 묵묵히 감내하셨습니다. 장남인 병일 군을 먼저 하늘나라로 보낸 일이었습니다. 그런 아픈 기억을 하나님의 섭리로 여기며 가슴속에 묻고, 자신이 살아온 신앙의 삶을 차남 병학 군에게 고스란히 물려주고 떠나셨습니다.

마치 야곱이 임종을 맞을 때 자신의 삶의 여정인 지팡이에 몸을 의지하고 자녀들에게 축복 기도를 하였듯이, 권사님은 자신의 신앙뿐만 아니라 저와의 소중한 인연도 차남에게 상세히 전해주고, 하늘나라로 떠나셨다는 사실을 병학 군에게 듣고 새삼 놀랐습니다. 그 깊은 사랑과 신앙의 유산은 저에게도 큰 감동을 주었고, 권사님을 향한 존경과 사랑은 더욱 깊어졌습니다.

권사님께서 남기신 모든 삶의 흔적들은, 이제 우리에게 크고 작은 가르침과 사랑의 유산으로 남아 있습니다. 교회와 지역사회, 그리고 저에게 베풀어주신 사랑과 헌신을 기억하며, 권사님의 아름다운 삶을 다시 한번 되새깁니다.

이제 권사님은 하늘나라에서 사랑하는 주님 품에 안겨 편안히 쉬고 계시겠지만, 그분의 삶은 여전히 우리의 가슴 속에서 살아 숨 쉬고 있습니다.

故 김병교 권사님과 故 김계하 장로님께 감사의 마음을 전하며, 그리움과 존경을 담아 이 글을 올립니다.

오른손이 한 일을 왼손이 모르게 하라!

조경덕 (전 풍기인삼협동조합 상임이사)

1965년 연말경에 배동표조합장이 갑자기 돌아가셔서 어려움에 있었는데 1967년 현 신태봉상무이사를 조합장으로 선임하고 행정책임자로 30대로 젊고 참신하며 추진력이 있는 김계하 상무이사로 선임하였습니다.

그는 1973년 선진 농업과 국제 감각을 익히고자 일본에 농업연수를 6개월간 다녀오기도 하셨습니다.

인삼식재면적이 1965년에 2,274a에서 김계하 조합장 퇴임인 1992년에는 45,368a로 20배로 늘었습니다.

인삼수출도 처음으로 일본의 삼영물산(주)에 1966년에 10,000불 수출하였는데 김계하 조합장 퇴임인 1992년에는 752,540불로 7.5배로 늘었으며 그 후 해외 여러나라를 개척하여 100만불 탑을 수상하기도 하였습니다.

특히 홍삼은 전매품으로 정부에서 관리하므로 유통이 자유롭지 못할 때 홍삼과 비슷한 태극삼을 개발 수출하였는데 김계하 조합장이 빨리 받아들여 개인적으로 대만 제일 큰 바이어 산대화와 독점계약하여 수출하여 "태극삼하면 풍기인삼 풍기인삼하면 태극삼"이라고 할 정도로 명성을 얻었습니다. 개인이 개척한 바이어를 조합을 위하여 조합으로 이관시키고 손을 끊었습니다.

　김계하님은 풍기초등학교 축구를 육성하기 위하여 개인 사비로 코치 급여를 지불하고 유니폼 구입, 선수들의 영양보충 등 많은 비용을 부담 하셨습니다. 그러다가 비용은 내가 부담하더라도 내 이름으로 하지 말고 동창회 명의로 하자고 하여 매월 동창회로 비용을 납부하고 동창회에서 코치에게 급여를 지급 하였습니다.

　어느날 부석쪽으로 조합원들의 인삼경작지를 둘러 보고 오다가 도로에서 운동선수들이 코치의 인솔하에 도로에서 체력 단련 훈련하는 것을 보고 코치를 불러 거금을 주며 선수들의 "운동복을 사 입히고 나머지는 선수들 고기를 구워 먹이라"고 하니 코치가 '선생님은 누구 십니까?'하니 '그것을 몰라도 된다'고 하며 가버렷다.

　코치가 너무도 고마워서 차량번호를 외워서 차량조회를 해서 알아가지고 교장선생님과 함께 찾아와서 인사하고 가기도 하였다.

　평화의 땜 건설시 가두에서 성금 캠페인 행사할 때 인삼조합에서도 거금을 헌금하는데 조합에서 내는 성금만큼 개인이 내어 합하여 조합명의로 성금하기도 하였습니다.

1988년 소백산과 동해안쪽에 큰 태풍이 와서 풍기지방의 인삼이 침수되어 모든 인삼농가가 회생할 길이 없어 낙담하고 있을 때 김계하 조합장도 3만평이나 유실되거나 침수되어 부도가 나는 형편인데도 당시 김진영 국회의원을 찾아가 호소하여 인삼농가를 회생시킬 방법을 모색하였습니다.

　그때는 인삼은 전매품으로 재무부산하 전매청의 지시감독을 받을 때였는데 김진영의원이 부서가 다른 농림부 자금을 끌어와 인삼농가 마다 2백만원씩 저리 융자하여 인삼농가가 다시 일어나도록 하였습니다.

　개인의 농사보다 조합원들을 우선으로 하다보니 내 농사는 망가지고 패망하여 말년에는 생활이 극한 어려움에 까지 이르게 되었습니다.

　김계하 조합장님은 누대에 걸친 기독교 집안으로 성경말씀 대로 "오른손이 한 일을 왼손이 모르게하라"(마태복음 6:3)는 말씀을 실천하신 진정한 그리스도인 입니다. 조합장님은 안계시지만 진정 하나님 말씀대로 사신 분이십니다.

　존경하고 사랑합니다.

언제나 풍기만을 생각하셨던 분

이기섭 (김계하기념사업회 회장)

제가 영풍군의 간부 공무원으로 재직할 때였습니다. 당시 군명칭 문제로 갈등이 있을 때였는데 하루는 김계하 조합장님이 군명칭이 "영풍군이 뭐냐 풍기군으로 해야 한다"면서 군청 내 향나무를 부둥켜 안고 고함치시던 모습이 기억납니다.

특히 풍기인삼 전진대회를 위해 김계하 조합장님은 개인 사재를 보태서 충남 금산군의 도단위 인삼축제에 뒤지지 않게 치루려고 애쓰셨는데 축제시 북한에서 귀순한 공탁호 초청강연회와 손기정 초청 마라톤대회, 소백산에 인삼 씨앗 뿌리기 등 당시로서는 누구도 생각하지 못한 획기적인 프로그램을 개발하여 행사를 풍성하게 치루었습니다.

또한 조합장님은 대한광복단 건립비 추진 시 영풍군의 주관부서 결정부터 어려움이 있었는데, "도에는 영주 사람이 없어 힘들고, 군에는 풍기 사람이 없어 일하기가 너무 힘들어" 하시며 저에게 잘 부탁한다고 하시며 걱정스러워 하시는 모습이 선명히 떠오릅니다.

그 후 사업 추진을 안타까워 하는 조합장님의 뜻대로 풍기 출신인 제가 이 업무를 관장하고 사업장 선정 시 군유지를 활용할 것을 계획하고 정지옥 회장님과 함께 부지 매입 시 어려움이 있던 반부길 씨 밭 300평을 비롯하여 정진탁 씨 밭을 관련부서와 협의하여 매입하고 사업을 원만히 추진하기도 하였습니다.

그 후 영주시로 통합 후 대한광복단 사업이 확대·발전되었는데 조합장님의 깊은 뜻을 생각하며 어렵고 복잡한 행정 문제를 하나하나 해결해가며 광복공원의 기초를 다져나갔습니다.

또 사업비를 마련할 때 정지옥 회장님과 함께 풍기 출신 유영인 마사회 사업국장님을 찾아가서 부탁하여 5,000만원의 지원금을 받았으며 재경부 강경식 장관님을 방문하여 중앙정부 예산 확보에 노력하므로 큰 성과를 거두기도 했고, 송지향 선생님의 추진위원장 추대와 함께 그 분을 통한 권기호 한신장학재단 이사장님의 1억원 기부는 조합장님의 평소의 소원을 이루는 사업에 큰 힘이 되었습니다.

김계하 조합장님은 평생 풍기를 걱정하시고 어떻게 하면 풍기 사람이 잘 살 수 있을까? 어떻게 하면 풍기를 좀 더 발전시킬 수 있을까? 하는 생각 뿐이셨던 분이십니다. 조합장님은 우리들의 가슴속에 영원히 남을 풍기만 생각하셨던 풍기인이셨습니다.

김계하기념사업을 준비하면서

김진회 (전 대한광복단기념사업회 사무국장)

1980년경, 김계하 님은 우연히 풍기읍 오거리부근에서 '태평당' 시계점을 운영하고 계셨던 반원오장로님께서 "『조선총독부』라는 소설 속에 '풍기'에서 광복단이 결성되었다는 문장이 있더라."라는 말을 전해 들으시고, 그 사실이 맞는가! 맞다면 어디에서 어떻게 사실 여부를 확인할 수 있는가! 고민하셨습니다.

그냥 흘려 지나칠 단 한 줄 소설 속 문장을 예사롭게 보지 않으시고 직관적인 안목으로 사실여부를 밝혀볼 생각을 하신 겁니다. 이것이 대한광복단과 선생님의 숙명적인 만남의 예고편이었습니다.

그 날 이후 부산의 문서보관소, 대학도서관, 관련 교수님 등을 찾아서 수년간 자료수집을 하셨고, 때론 여비를 쥐어주며 김호연 선생님에게도 대신 일을 부탁하기도 했답니다. 이렇게 수집된 자료를 송종섭(초등학교 교사) 선생님께 전하며 오랜 시간을 들여 광복단 약사를 정리하셨습니다.

우선 「광복단기념비」라도 세우기 위한 작업에는 사비를 들여 「기념비」, 「약사비(오석)」,「기단석」 등 석물을 구입하셨습니다. 모든 준비를 마치고 그 당시 송지영 한국정신문화연구원장에게 최종 자문을 받은 결과, 지금은 본 사업의 때가 아니니 기다렸다가 추진하라는 조언을 듣고 낙담하셨지만 묵묵히 기다렸습니다.

그러던 중 선생님으로부터 광복단의 이야기를 들은 젊은이들이 지역소식지인 「한여울지」에다 풍기에서 광복단이 결성되었다는 사실을 홍보하여 영풍문화원장님을 비롯한 선배님들께도 많은 관심과 본 사업의 필요성에 대하여 공감대를 형성시켰습니다.

이러한 선생님의 준비된 조건으로 우리들은 대한광복단기념사업을 시작할 수 있었습니다. 처음에는 역사적 의미와 위상은 전혀 모른 채 시작하였지만, 시간이 지날수록 그 가치는 독립운동사의 근간을 바꿀 정도의 어마어마한 일이었습니다. 해방 후 학자들은 풍기의 광복단을 대구의 광복회가 조직 전에 만든 선행 조직 정도의 의미와 가치를 두었는데 그것이 아님이 드러난 것이지요.

선생님께서 본 사업의 준비를 하지 않았더라면, 아마 지금까지도 풍기의 대한광복단은 역사 속에 미미한 존재로 남았을 것입니다. 국내 최초의 무장투쟁 독립운동 단체라는 역사적 의미와 평가를 받을 수 없었을 것입니다. 그 누구도 할 수 없는 큰 일을 하셨지만 선생님께서는 한 번도 그 시작을 '내가 했다.'라고 말씀하신 적이 없었습니다.

본격적인 기념사업을 추진할 때도 일체 간섭하지 않으셨습니다. 심지어 도지사가 참석한 대한광복단 기념비 제막식에 간곡한 참석 요청이 있었음에도, 송지향 회장님께 누가 될까봐 거절하셨습니다.

송지향 회장님을 믿으셨고 정지옥 회장님을 인정하며 소리 없이 도움을 주셨습니다 선생님의 말없는 믿음과 신념이 본 사업을 독립운동사의 근간으로 바꾸었고, 역사적이며 자랑스러운 독립운동의 발상지 고장으로 만들었습니다.

그럼에도 당신께서 하신 수많은 일(축구, 인삼, 교회, 4H, 광복단)을 자랑하지 않으셨습니다. 그 어떤 공치사도 거부하셨습니다. 쇠락해진 집안과 노쇠하신 말년에 고물 승용차를 타고 평생을 살아온 풍기 봉현의 들녘을 바라보며 선생님은 어떤 심정이었을까요? 그 마음이야 오직 평생 동안 믿어왔던 하나님께서만 아시지 않았을는지요.

겉모습 초라한 촌로로 보여짐이 안타까워 그를 아는 사람들은 탄식하며 슬퍼하였으나 그분은 사실 거목처럼 풍기에 뿌리를 내리고 가셨습니다. 어쭙잖은 공과 찬사를 일갈하시고 자신을 품어준 풍기에 안기어 풍기를 찬란히 빛내신 별이 되어 떠나셨습니다. 숭고하고 거룩한 삶의 표본이 되시고 가셨습니다.

그를 기억하는 이들이 다 사라지기 전 늦었지만 그분의 높은 행적을 기념할 수 있어서 얼마나 다행인지… 하늘에 이미 자리 잡으시고 편하게 계시며 미소 짓겠지만 할 일을 조금 할 수 있어 얼마나 다행인지… 우리끼리 마음 쓸어내립니다. 감사합니다.

제6장
김계하 연보(年譜)

연도	내용
1930년	풍기읍 성내2동 34번지에서 태어남(9월 12일)
	풍기초등학교 졸업
	서울 배재중학교 졸업
1951년	군입대(7월 15일 입대, 53년 11. 23. 제대)
1952년	서울 배재고등학교 졸업(2월 20일)
1954년	풍기중학교 악대부조직
1960년	장남 김병일(金炳逸) 태어남.(7월 15일)
1961년	• 영주군 새마을청소년회 회장 • 일본 원예연수(선진문화농업) 다녀옴(6개월)
1962년	• 풍기삼업조합 평이사 선출 • 장녀 김사선(金思仙) 태어남(5월 25일)
1963년	풍기삼업조합 이사 선출(9월 1일)
1965년	• 풍기인삼 해외수출 교두보 마련(4월 20일) • 상무이사로 일본 6개월 다녀옴(7월 16일부터) • 풍기삼업조합 이사회에서 특별감사반 임명(12월 14일) • 풍기삼업조합 상무이사 당선(12월 23일)
1966년	• 2녀 김명선(金明仙) 태어남(4월 18일) • 백삼 10,000달러 수출

제6장. 김계하 연보(年譜)

연도	내용
1968년	• 풍기삼업조합 이사 선출(4월 1일) • 풍기삼업조합 상무이사 당선(5월 2일)
1969년	• 3녀 김현선(金賢仙) 태어남(2월 2일) • 조합이사회에서 인삼연구원과 과천 인삼시험장 견학 보고(8월 4일)
1970년	• 인삼조합 수출소위원회 위원 위촉(6월 4일) • 정부공로표창 수상(8월 30일) • 풍기초등 축구후원회 발족 및 지원[풍기중학교도 함께]
1971년	• 차남 김병학(金炳學) 태어남(7월 22일) • 풍기초등 축구 후원회장(1971년~1975년)
1972년	• 풍기고등학교 재단이사 • 문교부장관 표창(12월 14일) 수상
1972년	통일주체국민회의 대의원(1972년~1978년)
1973년	• 농업연수생으로 일본을 다녀옴(6개월) • 백삼 434,000달러 수출(8년만에 43배 수출 신장)
1977년	풍기 성내교회 집사 안수(11월 1일)
1978년	• 재무부장관 표창(4월 7일 새마을자립상, 우량수삼 생산으로 전매사업 발전유공) • 연세대 경영대학원 경영자 실무교육 수료 • 일본인 은사 효오도 다다미 선생 모교 초청(9월 15일)
1979년	• 풍기초등학교 총동창회장(6월 5일) : 1979년~1994년 • 인삼경작 주재 지도사제도 시행(3월 전매청) • 전국인삼원료 증산왕(국무총리상 4월) 수상 • 표창장 국무총리상(3월 9일 잎담배 및 인삼증산으로 농촌소득증대 기여)
1980년	• 풍기인삼선양회 조직 • 대한광복단 자료 수집 • 풍기초등학교 기별 체육대회 발족 및 개최 지원 시작
1982년	• 영풍군 새마을 청소년연합회 후원회 회장(1982년~1993년) • 풍기인삼경작조합 조합장(1982년~1993년) • 경북축구협회 부회장 • 경북 새마을 영농기술자회 고문 • 대통령표창(6월 8일 영풍군 새마을 청소년후원회장, 청소년 선도에 기여)

연도	내용
1983년	• 대한광복단 약사 작성(2월) • 풍기 성내교회 장로 장립(5월 24일) • 연세대학교 경영자대학원 수료(7월 2일)
1984년	• 한국인삼조합연합회 회장 취임(1월) • 제1회 풍기인삼전진대제 개최(10월) • 영풍군새마을 새마을 청소년 경상북도경진대회 종합우승 기념비 및 3곳 새마을 청소년회 중앙경진대회 기념비 건립(12월) • 광복공원 기념비와 약사비 석물 2기 구입. • 풍기인삼경작자 대상 인삼경작 기술 교육 실시
1985년	• 풍기인삼(백삼, 수삼) 보관창고 및 검사실 건립. • 문민공주선생송덕비(文敏公周先生頌德碑)제막
1986년	인삼경작 면적 22배로 확대
1987년	일본, 미국, 홍콩, 대만 시장조사 및 경작지 견학
1988년	영풍문화원 이사(7월 2일)
1991년	• 제4대 도의원 당선(영풍군 1선거구)(6월 20일) • 석탑산업 훈장 수상(11월 1일 복지농촌건설 기여)
1993년	풍기인삼조합장 퇴임(1월 30일)
1994년	• 대한광복단기념공원 조성 사업 진행으로 토대 마련 • 도정(道政)에 관한 질문(제85회 경상북도의회 임시회 5월 16일 오전 10시)
1995년	• 대한광복단기념공원 부지매입(1월)에 역할 • 풍기 성내교회 은퇴 장로 추대(5월 7일) • 대한광복단 약사비(略史碑) 및 대한광복단기념비 제막(除幕) 8월 15일
2008년	제운루(齊雲樓) 복원 제안
2016년	제20회 영주시민대상 지역경제활성화 부문 수상(8월 28일)

2018년	오후 1시 운명(1월 16일)
2018년	발인. 오전 9시(성내교회장, 1월 18일)
2023년	김계하기념사업회 창립총회 개최(10월 20일)

부록

붕기인
김계하

김계하기념사업회 활동

김계하기념사업 사전 자료 조사

평소 지역의 많은 사람들은 김계하조합장 비석을 세워줘야 한다는 여론이 형성되어 있었습니다.

1. 2016년 4월 영주시민신문 생전 인터뷰 내용
1) 애향인 김계하, 그는누구인가.
2) 전쟁 후 무너진 풍기인삼을 일으키다.
3) 조국의 독립산실, 풍기대한광복단에 바친 열정.
4) 전국적인 명성, 풍기축구 꿈나무의 든든한 후원자.
5) 이 시대의 어른, 애향인 김계하 삶과 목소리.

2. 자료확보 및 주민홍보, 본 연재에 도움주신 분
권헌준 풍기인삼조합장
서동석 풍기단위농협조합장
송유익 풍기초등학교 총동장회장
연재 후 신문자료 첨부하여 신청
2016년 영주시민대상수상 (8월 28일)

김계하기념사업 추진일지

- 2023년 1월 초, 대한광복단약사비가 철거·교체되었다는 사실을 알게 되면서 김계하기념사업을 더 이상 늦출 수 없음을 확신함.
- 4월 29일, '이기섭, 김창언, 김정묵, 김진회' 등이 김계하기념사업의 필요성에 뜻을 같이 하고 사업추진 방향에 대하여 논의함.
- 5월 27일, '김창언, 이기섭, 구필회, 김정묵, 김진회, 전철건, 김태환, 전풍림 시의원' 등이 10월에 예정된 영주문화유산보존회에서 주관하는 유계영주향토사 학술발표회에서 김계하의 공적과 기념사업의 필요성에 대한 주제발표를 추진키로 함. (발표자 김덕삼 교수) 아울러 대한광복단약사비의 원상복구 추진 및 김계하기념사업을 수도권 및 전국의 출향 풍기인 참여를 확대하기로 결의하여, 6월 9일 재경풍기중동문회장을 역임한 김진원(2024년 작고) 님이 5백만원을 입금하면서 사업추진이 활기를 띰.
- 6월 17일, '최갑도, 이기섭, 김정묵, 김진회' 등이 성내교회 및 김계하의 가족과 친족들, 경북항공고등학교는 물론 많은 지인들께서 사업의 필요성에 공감하며, 적극 참여하겠다는 뜻을 확인함. 이후 '이기섭, 김정묵, 김창언, 장석진, 정대주, 김덕삼, 김진회, 전철건' 등이 준비위원이 되어 지역의 각계 인사의 동참과 협조를 위한 논의, 자료수집을 위한 인터뷰 추진, 관계규정의 검토 및 공적비 건립과 평전 발간 등의 기념사업의 내용 및 발기인대회에 필요한 제반 준비사항의 점검 등을 위한 약 30여 차례의 회의를 진행함.
- 8월 26일, 사업계획 수립
  · 김계하 평전 발간 집필자 김태환
  · 김계하 행적 흔적 남김 사업
  · 기타 필요 사업

김계하기념사업회 발기인 대회 및 창립총회

- 9월 2일, 발기인대회 일정, 세부 계획 결정
- 10월 13일(금) 오후 2시, 풍기읍행정복지센터 2층 회의실에서 관계자 및 지역 인사 등 100여 명이 모여 "김계하기념사업회 발기인대회 및 창립총회"를 개최하고, 회장에 강경식(전 재경부장관) 및 이기섭을 추진위원장, 부회장, 감사 선출함.

김계하 평전 인터뷰

- 발기인대회 도움주신 분(현수막 협찬) : 전철건 부회장 섭외, 홍현식 기아시청대리점, 변진우 JC특우회장, 하원태 참좋은친구(주), 송홍덕 흥덕건설, 송석영 주) 남경, 강창용 풍기읍체육회장
- 10월 20일 14시, 풍기문화의집
  유계학술대회 시, 김계하기념사업을 통해 본 지역 정체성 세우기 (주제 발표자 : 김덕삼 교수)
- 2024년 2월 7일, 평전 인터뷰 : 조경덕 전 인삼조합전무, 최갑도, 권영순, 반원호, 4-H(김대호, 김시영, 김연식), 김문기, 전동호, 박찬극, 강성국, 권영창, 김진영, 전철건, 장두용, 김종환, 황병호, 송세영 외 성내교회, 강경식, 김진원, 김병호, 김계학
- 10월 18일 후원금 홍보물 제작, 배부
- 12월 28일 광복단약사비 복원추진위원 결성 (위원장 김창언, 실무 김덕삼)
- 2025년 4월 29일 12시, 산들에서 광복단약사비 복원 간담회 (영주시청 담당, 대한광복단기념사업회 임원, 약사비복원추진위원)
- 6월 3일 17시, 풍기교회노인정 감사실시 (이기섭, 김진회, 감사 명재철, 백지균)
- 6월 12일 16시, 봉천가든 (임원회의 감사보고 및 결산보고)

김계하기념사업회

- **고 문**　강성국 김진원 김진영 김대호 박찬극
　　　　　송세영 전동호 조경덕 조창현 최갑도
- **명예회장**　강경식
- **회 장**　이기섭
- **부 회 장**　김정묵 김창언 장석진 전철건 홍현식
- **실무부회장**　김진회
- **기 획 부**　정대주
- **운 영 부**　김덕삼
- **감 사**　명제철 백지균
- **회 원**　구필회 권헌준 권순택 공정희 김경영 김동주
　　　　김시영 김자여 김지영 김종길 김정길 김정석
　　　　김진대 김재구 김재윤 김인순 김연식 김헌영
　　　　나원균 남기선 반길순 반성욱 박근택 박광식
　　　　박상빈 변진우 배정우 이광섭 이문섭 이우춘
　　　　이재녕 이재철 안기찬 임용빈 임창빈 서상호
　　　　신태자 송동호 송석영 손한수 주정례 정석현
　　　　전풍림 전창록 최민우 황영각 황유자 황병부

도와주신 분

(단위:원)

회원명	금액	회원명	금액	회원명	금액
정대주	300,000	김정석	300,000	반길순	50,000
이기섭	500,000	김자여	500,000	반성욱	100,000
백지균	100,000	김제윤	1,000,000	남용우	200,000
명재철	100,000	김현욱	100,000	송세영	100,000
김정길	100,000	변진우	100,000	최갑도	500,000
이문섭	100,000	전창록	100,000	김진회	950,000
이우춘	100,000	황병호	100,000	김창언	100,000
주정례	100,000	황창호	100,000	공정희	100,000
이재녕	100,000	전풍림	100,000	김덕삼	200,000
김진원	5,000,000	박상빈	100,000	장석진	1,100,000
전동호	100,000	임용빈	200,000	전철권	500,000
새마을지도자	200,000	송석영	500,000	권헌준	2,000,000
김진대	300,000	남기선	100,000	구필회	200,000
황병무	100,000	권순택	100,000	김정묵	600,000
박광식	100,000	김현영	50,000	김동주	80,000
배정학	500,000	김지동	50,000	홍현식	300,000
최민우	100,000	나원균	100,000	정정수	100,000
정석현	100,000	손한수	100,000	정기호	100,000
이광섭	100,000	이재철	100,000	김인섭	100,000
김재구	100,000	신태자	100,000	안상무	100,000
김연식	100,000	강경식	1,000,000	김태환	100,000
김대호	300,000	김인순	100,000	이경진	100,000
황영각	100,000	김종길	100,000	김시영	100,000
임창빈	100,000	조경덕	100,000	서상호	100,000
김경영	100,000	성내교회	5,000,000	안기찬(황유자)	100,000
송동호	100,000	박근택	300,000	송유익	300,000
김병호	200,000	김계학	500,000	이창구	100,000
이경진	100,000	김왕호	100,000		
발기인대회 현수막협찬		기아시청대리점(홍현식), 홍덕건설(송홍덕), 풍기읍체육회장(강창용), 함께웃는농장(하원태), JC특우회장(변진우), 주)남경대표(송석영)			

가족인사

풍기인 여러분 안녕하십니까?

잊혀져 가던 풍기인 김계하를 기념하는 사업을 한다고 하기에, 동생(사촌)인 저는 얼마나 기뻤는지 모릅니다.

많은 풍기 사람들이 그러하듯이, 1895년경 혼란스럽던 구한말 저희 증조모와 할아버지(고 김창립 성내교회 초대장로), 큰할아버지(김태립 성내교회장로)는 평양으로부터 한반도에서 최상의 피난처라는 정감록을 믿고 금계바위 밑 풍기로 이주하여 왔습니다.

풍기에 정착한지도 130년 가까이 되었으니, 이제는 풍기가 고향이라 하여도 손색이 없을 것입니다. 저의 큰아버지 되시는 김영기(일명: 김홍준, 성내교회 장로, 창립장로의 장남)는 슬하에 3남 1녀를 두셨는데, 풍기인 김계하는 그중 둘째로 태어났습니다.

형님은 젊은 시절 공부를 위해 서울에 머무른 시간을 제외하고는 거의 모든 생을 풍기에서 살고, 풍기를 사랑한 진정한 풍기인입니다. 저는 서울에서 자라서, 풍기는 그저 여름 방학에 시골 피서지로만 기억되지만, 아들 같은 저에게 늘 따뜻하게, 농사와 지역에 대한 얘기를 하던 형님의 모습이 눈에 선합니다.

풍기 인삼조합(당시는 삼포조합이라 기억합니다.) 조합장의 중책을 맡고는, 조합일을 내일 보다 먼저 생각하고 일하시던 모습과, 태극삼(홍삼의 전신)을 개발하고, 풍기 인삼의 우수성을 과학적으로 증명하고, 홍보하고자 뛰어다니시던 형님을 생각하면 지금도 가슴이 뭉클합니다.

솔선수범하여 풍기의 축구발전을 위해 헌신하고 노력한 것은 물론, 도의원 시절에는 정치인이라기 보다는 풍기인으로 풍기의 발전을 위해, 여러 난관을 극복하며, 도정에 힘쓰셨던 형님입니다.

그렇게 지역 발전과 인삼에 열정을 쏟으시느라, 가정일은 늘 뒷전이어서 아마도 형수(김병교권사 성내교회)께서 많이 힘드셨을 것입니다. 그래도 형수께서는 형님을 믿고 묵묵히 내조하는 참 아름다운 분이셨습니다.

두분 다 고인이 되어 성내교회 부활동산에 잠들어 계시지만, 영혼은 지금도 풍기를 사랑하고, 우리 곁에 있다는 것을 믿어 의심치 않습니다.

사랑하는 풍기인 여러분, 이번 사업을 다시 한번 감사드리며, 앞으로도 우리 풍기 지역이 더 발전하여, 경북을 대표하고, 나아가 대한민국을 대표하는 도시로 발전하기를 기원합니다.

2025년 6월
김계학(사촌동생)

편집후기

　인삼, 축구는 풍기 상징어입니다.
　김계하가 풍기다.
　누구도 부정할 수 없는 수식어입니다.
　인터뷰을 통해 만난 모든 분들의 공통된 의견이 김계하는 본인이 한 일들을 그 어느 누구에게도 자랑하거나 알아 주길 바라지 않았다고 합니다.
　그런 김계하의 행적을 하나하나 찾아내어 기록하기에는 그의 삶이 너무나도 깊고 넓었습니다. 그 마음을 모두 담아내지 못함을 죄송스럽게 생각합니다.
　풍기인 김계하!
　지금 후배들이 자랑하고 싶습니다.

2025년 8월

【참고문헌】

- 『풍기초등백년사』
- 『풍기인삼협동조합 100년사』 풍기인삼협동조합 2008
- 『나주김씨 대동보편찬위원회』 가승미디어 2001
- 영풍군 『군정 15년사』 1994
- 김계원 『더 파더 하나님의 은혜』 2013
- 『영주문화원 50년사』 영주문화원 2022
- 송지향 『유계일기』 2권 「1991년 8월 3일자」 느티나무 2016
- 영주문화연구회 『영주문화 2호』 서림사 1991
- 임희국 『하늘의 뜻, 땅에 심는 성내교회 100년사』 M프린트 2009
- 계간 「한여울지」 1990년 여름호 / 12호(1993년) / 14호(1994년)
- 「대한광복단 학술회의」 학술대회 자료집 1997
- 「풍기인삼전진대제 관계철」
- 「임원신원증명서 관계철」
- 1993년 「임원신원증명서 관계철」
- 1986년 「사업실적서」 풍기인삼경작조합
- 1982년 「자료관계서류철」
- 2016년 제20회 영주시민대상 「김계하 공적조서」
- 영주시민신문 기획취재 「애향인 김계하」
- 『경안노회 70년사』 1921~1991(경안노회70년사편찬위원회, 1992)
- 『영주노회 30년사』 (영주노회30주년기념사업위원회, 1992)
- 경안노회(http://www.kyungan.or.kr)
- 성내교회(http://www.sungnae.or.kr)

엮은이 : 김태환(金泰煥)

시인, 한국문인협회 봉화지부장과 경북문협 감사, 영주문화원 부원장을 지냈다. 현재 영주향토사연구소장, 국사편찬위원회 사료조사위원으로 활동하고 있다. 저서로는 『부석사 그리움은 풍경으로 흔들리고』, 『청량산 청량사』, 『영주의 선비정신』, 『덕은 외롭지 않다』, 『봉화의 전통마을』, 『영주의 효자와 열부』, 『조선의 하늘을 열다』, 『영주의 바위 글씨』, 시집 『당신, 그립다』, 『울어주다』 외 다수.

사랑으로 나눔과 봉사를 실천한
豊基人 김계하

인쇄일 2025年 8月 18日
발행일 2025年 8月 29日

발행처 김계하기념사업회
발행인 이기섭
      경북 영주시 풍기읍 금계로37번길 26
      연락처 : 010-6265-4144

펴낸곳 도서출판 느티나무
      경상북도 영주시 지천로 183 (2층)
      TEL. 054) 633-5885   FAX. 054) 633-5886

ISBN 978-89-98991-88-3